中小企業研究の社会論的転換

中小企業が市場社会を変える

編著

黒瀬 直宏
上原 聡

同友館

は し が き

　本書の5人の執筆者は、次のような問題意識を持っている。

　第1は、市場経済を前提としつつ「既存のものに代わる（オルタナティブ）社会」を志向していることである。私たちは、大企業を中核とする現代の市場社会が、経済的停滞に陥ると同時に、人々の共同性・連帯性や人間労働の尊厳を破壊していることを深く憂慮している。人々を封建的抑圧から解放した市場経済の歴史的積極性を活かしながら、人間の本性にとって合理的な社会を目指したい。

　第2は、企業を人間性の視点から評価することである。市場経済下の企業は資本価値の増殖を自己目的とするとされる。私たちは、これが資本制的企業の原理と認めつつも、企業を人間性にとっても合理的な存在に近づけるにはどうすべきかを考えたい。市場経済が人間的に合理的であるには、市場経済の主役である企業が人間的合理性持たなくてはならないからである。

　第3は、中小企業の可能性への着目である。中小企業が経営上の不利を課せられていることを認識しつつも、人間的合理性の追求の点では大企業よりはるかに大きい可能性を持っていると考える。この中小企業の中には、市民や労働者が自ら結成した労働組織やNPOも含まれる。

　まとめると、既存の市場社会を人間の本性にとって合理的な社会へ近づけるため、企業への人間的合理性の浸透を求め、その可能性の高い企業として中小企業を位置づけるのである。

　このような問題意識に立つ各章の内容を簡単に紹介すると、第1章「市場経済の問題性と対抗力としての中小企業」は市場経済の問題性を独占化と物神崇拝・労働の疎外に求め、中小企業は経済民主化運動により独占化に対抗し、顧客との精神的共同性と労働者とのパートナー的関係の形成により物神崇拝・労働の疎外へ対抗しているとする。

　第2章「今日の経済社会と小企業・家族経営の意義」は、巨大企業体制と

金融資本主義が社会を荒廃させているのに対し、小企業は就業機会の創出や地域社会の安定に貢献し、利潤目的に左右されない人間的労働を推進するなどとし、小企業をオルタナティブな社会建設の担い手として評価する。

第3章「固有性志向による中小企業の新たなモノづくり」は、中小企業の有利性を活かす自立的発展の道はデザイン主導のモノづくりであり、デザインは製作者の人間的固有性と民族的固有性を反映するから、中小企業は効率性重視の産業を人間性と文化尊重の産業へ変換させるとする。

第4章「「市民協同」のスモールビジネスの可能性」は、人々の連帯と持続可能社会を推進する組織として生産協同組合を提起し、その日本における具体的形態である市民・労働者による企業組合が近年拡大しており、人間の「協同」をモチーフとするこのような組織こそが「市場型企業」のオルタナティブになると主張する。

第5章「東日本大震災と中小企業家～地震、津波、放射能、風評被害といった四重苦に立ち向かう福島県の中小企業家～」は、福島被災地の中小企業が、放射能汚染の恐怖と闘いながら知恵とネットワークで被災者に生活必需物資を供給し続けるなど、社会のセーフティーネットの役を果たし、中小企業が社会の主役として地域社会と住民に貢献するという、中小企業憲章による中小企業の位置付けを実証したとする。

本書は新たな中小企業論の試みである。中小企業論の多くは、既存の経済や産業の仕組みを前提にし、その中での中小企業の経営体としての動きを分析している。それに対し、本書は市場社会変革の担い手として中小企業を位置づけ、しかも、経済効率の上昇というような視点からでなく、人間性に即した経済社会の構築という、より根源的な視点から中小企業の役割を位置付けている。経済論的あるいは経営論的中小企業研究に対し、社会論的中小企業研究といえようか。もとより、私たちは本書でこの研究のささやかな1歩を踏み出しただけであり、研究発展のために多くの読者のご批判をお願いしたい。

終わりに本書発行の経緯に触れる。嘉悦大学は大学院ビジネス創造研究科

博士前期課程を2010年4月に、博士後期課程を12年4月に開設した。問題意識豊富な大学院生が参集したことにも助けられ、活発な研究・教育活動が行われている。その成果を世に発信するべく、本書を第一号とする「嘉悦大学大学院研究叢書」の発行を決意した。「叢書」としたのは今後も研究成果を世に問い続ける義務を自らに課すためである。折しも本年は嘉悦学園創立110周年にあたり、「110周年記念事業」による出版助成金を得ることができた。本書発行が学園の発展にいささかでも寄与できれば幸いである。

2013年12月吉日

　執筆者を代表して
　　　嘉悦大学大学院ビジネス創造研究科研究科長　黒瀬 直宏

目　次

はしがき …………………………………………………………………… i

第1章　市場経済の問題性と対抗力としての中小企業

黒瀬 直宏

本稿の狙い ………………………………………………………………… 1
1. スミスの市場経済像 ………………………………………………… 2
2. スミスによる市場経済の問題性―独占― ………………………… 4
3. マルクスによる市場経済の問題性―物神性と労働の疎外― …… 13
4. 独占資本主義による問題の悪化 …………………………………… 24
5. 中小企業による対抗 ………………………………………………… 29

第2章　今日の経済社会と小企業・家族経営の意義

三井 逸友

1. はじめに――問題の所在 …………………………………………… 55
2. 小企業への再評価機運 ……………………………………………… 56
3. 中小企業と小企業、マイクロ企業、自営業、家族経営をめぐる諸論 … 62
4. 今日の小企業の位相と実態、問題、政策対応 …………………… 67
5. 結び――小企業・家族経営の多数派性と今日性 ………………… 76

第3章　固有性志向による中小企業の新たなモノづくり

上原 聡

1. はじめに ……………………………………………………………… 89
2. 中小企業の実践に適した戦略課題 ………………………………… 90
3. デザイン主導による新たなモノづくり …………………………… 99
4. 新たなモノづくりのための対応策モデル ………………………… 101

5. 結び……………………………………………………………… 108
第3章補論　マーケティングの潮流と中小企業への適用 …………… 111

第4章　「市民協同」のスモールビジネスの可能性

樋口　兼次

1. はじめに………………………………………………………… 125
2. 市民協同による復興・再生のモデル ………………………… 128
3. 戦後復興支えた「生産合作社」運動………………………… 130
4. 生産合作社法案から企業組合制度の立法へ………………… 142
5. 「協同労働の協同組合法案」の登場と法案要綱批判 ……… 153
6. 市民協同の生産組織の展望…………………………………… 157
7. 市民協同組織の展望…………………………………………… 166

第5章　東日本大震災と中小企業家
～地震、津波、放射能、風評被害といった四重苦に立ち向かう福島県の中小企業家～

和田　耕治

1. はじめに………………………………………………………… 177
2. 被災直後、放射能への恐怖がある中、
　　地域のライフラインを守った中小企業家の活動………… 180
3. 原発事故で重大な被害を受けつつも、
　　再建の道を歩みつつある中小企業家の活動……………… 192
4. 中小企業憲章、中小企業振興基本条例と震災復興………… 199
5. まとめ…………………………………………………………… 202

第1章

市場経済の問題性と
対抗力としての中小企業

黒瀬　直宏

■ 本稿の狙い

　中小企業の経済的役割については多くの関心が寄せられている。筆者も黒瀬（2006）で、中小企業の経済的役割を「社会的分業上の役割」「雇用上の役割」「市場機能推進上の役割」「地域経済での役割」に分け、中小企業はそれぞれに関し、大企業ではなしえない機能を発揮していることを指摘した。同時に中小企業の社会的役割として、「民主主義の基盤」「多元的な経営価値観の担い手」を挙げ、これについてはあまり関心が寄せられないとコメントした。その後、今日の資本制市場経済の行き詰まりを考えると、この社会的役割こそ、中小企業に最も期待されるものではないかとの考えを強めた。というのは、中小企業の社会的役割としてとらえたものには、市場経済が引き起こしている問題性への対抗という働きが含まれていると思い至ったからである。本稿は、ほとんど注目されていない中小企業のこの働きを明らかにし、進歩性も健全性も失った今日の資本制市場経済の改革に関する中小企業の可能性を訴えるものである。

　なお、筆者は、同じ問題意識に立って黒瀬（2013）を著したことがあるが、理論面をはじめ未熟な点が多く、試論の域を出なかった。本稿は、この旧稿

を全面的に書き改めるものである。

　以下ではまず、市場経済の問題性検討の参照軸として、アダム・スミスの市場経済像の確認から始める。

1. スミスの市場経済像

　アダム・スミスは「商業社会」の中に人類の解放を見出した。『国富論』（初版1776年）における市場経済像は次のようなものである。

　市場経済は封建的な隷従関係から人々を解放し、独立の商品所有者同士の自己利益に基づく自由な取引と交換を生み出す。それは分業の発展で社会の生産性を高め、地代・賃金・利潤の自然水準を満たす自然価格の成立で富を調和的に分配する（『国富論』第1篇）。また、倹約と堅実な経営により資本蓄積を進め、それによる生産的労働者の増加が、社会の総生物を増やす（同第2編）。こうして、商品所有者たちは意図せずに、自然に社会を「協和（concord）」させ、豊かにする。

　以上のように、スミスはまず市場経済を独立の経済主体生成の場ととらえる。封建貴族の従者、召使いのように、他人に依存して生きる人々はいったん解雇されると犯罪に手を染めるしかないが、商業と製造業の確立は人々が独立して生活できるようにし、人々の間に、勤勉で正直な勤労態度を広げる。「依存ほど人類を腐敗させるものはないのにたいして、独立は民衆の正直さをさらに増大させる」（スミス，2005：p.263）。また、スミスは、奴隷労働が何の工夫も生み出さないのに、自由人の労働は土地を改良し、製造方法を工夫し、富を増やすとも言う（同2007上：p.400, 同2007下：p.274, 同2005：pp.357-358, 367-368）。確かに、自由に生産し、対等に交換する仕組みは、封建的な隷従関係を打破し、独立の主体を形成し、生産力も高める。人間解放の場としての市場経済の歴史的意義は重要である。

　次に、取引と交換の原理は自己利益だとする。自分が求めている行動を

とれば相手にとっても利益になることをわからせる。すなわち、「わたしが欲しいものをくれれば、希望するものをあげよう」である。「わたし」の自己利益の実現は相手の善意によるものではなく、相手の自己利益の実現による。「われわれが食事ができるのは、肉屋や酒屋やパン屋の主人が博愛心を発揮するからではなく、自分の利益を追求するからである」(同2007上：p.17)。スミスは、ものを交換し合うのは人間だけで、「二匹の犬がじっくり考えたうえ、骨を公平に交換しあうのを見た人はいない」(同2007上：p.16)とするから、自己利益に基づく交換は人間の共同性的本質の積極的な実現でもある。

　そして、自己利益に基づく取引と交換が、自然に、生産性上昇、社会的協和、豊かさなどの社会的効用をもたらすとする。この有名な「見えざる手」の理論の基礎にあるのが、『道徳感情論』(初版1759年)における想像的同感論である。これは、利己的な人間の集まりにおいても「同感」が基になって協和的な社会を成立させるとする。「同感」とは「観察者」が「当事者」の境遇を想像した時に「当事者」と類似の感情が生じることである。人々にとって、「観察者」の「同感」を得られることは楽しく、逆はつらいから、社会の中でしか生きられない人間は、自己利益で行動しても、自ら「観察者」の立場に立ち、その「同感」を得られるように自己規制する。したがって、『国富論』での自己利益も"むき出しの自己利益"ではなく、このように自省された自己利益である点が重要である。スミスは「観察者」の「同感」が得られるような感情や行為を「適宜性」があると呼んだ。「適宜性」のあることが自己利益発揮の限界である。「適宜性」は「徳」と違い、普通の人でも持つことができ、お互いが「適宜性」を持って行動することにより、権力に規制されなくても協和的社会が実現する。この権力に強制されない協和的社会の実現こそがスミスの目指すもので、市場における「見えざる手」による社会的効用の実現は、このような同感原理に基づく協和的社会形成の具体的な姿なのである。

　以上、スミスによれば、市場経済とは、経済的独立主体の形成、(自省さ

れた）自己利益の追求による人間の共同性的本質の実現、生産性の高い協和的社会の構築を、自然にもたらす社会組織である。スミスの市場経済像は市場経済の主人公であり、「第1次市民革命」（ピューリタン革命、フランス大革命）の主体として歴史を推転させた「中産的生産者」（大塚久雄）や「産業資本家」など「市民」層の高揚感あふれる自己認識である。

　しかし、その高揚感の一方、スミスは人間解放という歴史的進歩性を蝕む市場経済の重大問題に気づいていた。すなわち、独占化の傾向である。さらに、マルクスは市場経済の利益を得ている「第1次市民革命」の主体＝資本家的市民層が気づかなかった重要問題を暴露する。それは、産業革命後の「第2次市民革命」（イギリス「社会法」制定、フランス2月革命）の主体＝労働者の視点に立つものである[1]。まず、前者から取り上げよう。

2. スミスによる市場経済の問題性―独占―

2-1. スミスの独占批判

　周知のようにスミスの経済学は重商主義批判である。内田義彦によれば、重商主義政策は国家がその強力によって市場の確保、貨幣資本の供給を行い、産業資本の勃興・発展を推進する原始的蓄積政策である。だが、スミスの時代は産業資本が国家の手を借りなくても自立的に資本蓄積を進められるようになる過渡期であり、植民地貿易による商業の独占利潤、植民地経営のための租税重課など、重商主義は産業資本の利潤を奪い、その発展を抑制するものとなった。スミスの批判は産業資本の蓄積を妨害する重商主義政策の反動化を背景とする（内田義彦，1962：前篇）。

　だからと言って、『国富論』は産業資本擁護の書でなく、その厳しい重商主義批判を通じて、産業資本も批判している。と言うのは、スミスは、重商主義政策の背後には「商工業者」（merchants and manufacturers, traders and artificers）の独占志向があるとし、「商工業者」には前期的な資本だけ

でなく、新興産業資本も含めているからである。

　スミスの批判が、市場経済の主人公、新興産業資本の独占化にも向けられていることが重要である。それは、経済学が生誕時から独占化という市場経済の問題性を認識していることを示す。スミスの独占批判をレビューしてみよう。

2-1-1. 重商主義政策による独占

　重商主義批判は『国富論』の3割近くを占める第4編で行われている。

　金銀を貿易差額で蓄積しようとする重商主義政策は、第1に輸入に高関税を課すか完全に禁止する。これによりその商品の生産者は国内市場をほぼ独占できる。スミスは、絹織物業は「最近になって」独占を認められ、亜麻布産業は今、「(独占)獲得に向けて努力している」とするから、独占化は絶対王政時代の遺物でなく、現在進行中なのである。イギリスで輸入規制されている商品は極めて多く、関税法に精通していない人には想像できないほど多様である（スミス，2007下：p.28)。この政策を考え出したのは商工業者（merchants and manufacturers）である。彼らは都市で同業組合の排他的特権に慣れ親しんでいるので、輸入を規制し、独占を国内市場全体に広げようとしていると言う（同2007下：p.38)。

　一方、関税免除で輸入を促進している商品もある。製造業用の未加工の原料だが、貪欲な大製造業の事業主（great manufacturers）はそれから逸脱し、自分の製品の原料となる加工原料、例えば亜麻布の原料となる亜麻糸の輸入関税も廃止させた。その結果、価格競争を強制された国内の紡績工（多くは女性で、各地に分散しており、支援も保護も受けられない）は製品を買い叩かれる一方、亜麻布に対する高率輸入関税で価格を引き上げた大亜麻布製造業者は、原料安・製品高を享受している（同2007下：pp.232-233)。大製造業者による小生産者抑圧は、スミスの重商主義政策批判におけるモチーフのひとつになっている。

　第2に重商主義政策は輸出を増やすため奨励金を出す。商工業者（merchants and manufacturers）は国内市場の独占だけでは満足できない

が、自国政府は外国で独占権を確保してやることはできないので、「次善の策として自国の製品を買う外国人に金を支払おうというわけだ」(同2007下：p.83)。輸出奨励金は外国市場の確保だけでなく、国内市場での供給過剰の阻止・価格引き上げも狙う。穀物に対する輸出奨励金は国内の穀物価格を引き上げるが、それは他の商品価格と賃金を上げる原因となるので、農業生産者の利益にはならない。だが、商工業者の商品価格上昇の場合はこのようなことがなく、国内市場で相対価格（他の商品価格に対する比率）を引き上げることができる。その一方、国民は輸出奨励金のための税と国内での対象商品の価格が上昇することによる「税」を負担する。スミスは「重商主義のさまざまな政策のうち、商工業者（merchants and manufacturers）が特に好むのが輸出奨励金」だとし、「同じ業種の事業主が協定を結び、扱っている商品のうち一定比率を輸出した事業主に、自分たちで拠出した資金を奨励金として支給している例もある。この仕組みは大成功を収め、生産量が大幅に増えたなかで、国内市場での価格を二倍以上に引き上げることができた」（同2007下：p.95）ことを紹介している。

　第3にスミスは他国から輸入関税減免を獲得するため、その国からある商品を優先的に輸入する通商条約締結は、輸入関税減免対象の輸出商品を扱う生産者が独占の利益を得る一方、消費者は高価格で品質の劣る輸入商品を買わされるとする（同2007下：p.251）。

　第4に植民地政策についても大部を割き、貿易を独占している本国の商人が植民地向け商品の価格を上げ、独占的利益を得る一方、消費者は植民地維持・防衛のための経費を負担させられる（同2007下：p.251）。植民地貿易の利益率が高くなるから、資本がその回収が遅くても植民地貿易にひきつけられ、社会の生産的労働の総量が減り、資本を蓄積する力も弱まるともいう（同2007下：p.196）。

　スミスの重商主義政策批判の大部分は、その政策の背後で利益を得ている商工業者の競争制限・独占に向けられている。スミスの批判の真の的は商工業者の競争制限・独占志向なのである。したがって、次のように、独占批判

2-1-2. 売り手としての競争制限

　スミスは、「業種による労働の賃金と資本の利益の違い」（『国富論』第1編第10章）を論じる中で、それを引き起こす要因のひとつが政策であり、政策が、ある業種では競争参加者を自然状態より減らし、ある業種では増やし、また、労働と資本の自由な移動を妨げているとする。競争参加者を減らすのが、同業組合（corporation）による売り手としての競争制限である。

　スミスはすべての同業組合は自由競争の制限が目的だとする（スミス, 2007上：p.131）。同業組合は営業権を持つ者を徒弟（apprentice）として修業した者だけとし、親方1人当たりの徒弟数の最高や修業期間の最低限を決める。その規程がエリザベス1世治世の1562年に「徒弟法」としてイングランド全体の法律となった。だが、誰でも自分の労働に対する所有権を持っており、それを自由に使うのを妨げるのは「神聖な所有権に対するあからさまな侵害」（同2007上：p.129）である。また、徒弟は収入が得られないから怠惰であり、長く修行しないと得られない技術的奥義があるわけでもない。同業組合の排他的特権を廃止すればすべての業種で製品価格が大幅に下がり、どの業種も損するが社会全体の利益にはなる。生産過剰を防ぐというのは商工業者（traders and artificers）の決まり文句で、実際には供給不足を創り出そうとしている。どの業種もこの目的のための規則作りに極めて熱心で、これにより市場価格を自然価格以上に引き上げた都市商工業者は、散らばっているため団結ができない農民を収奪する（同2007上：pp.126-134）。

　スミスはまた都市の住民は組合がなくても、非公式の集まりや申し合わせで自由競争を妨げると言う。「同業者（people of the same trade）が集まると、楽しみと気晴らしのための集まりであっても、最後にはまず確実に社会に対する陰謀、つまり価格を引き上げる策略の話になるものだ」（同2007上：p.136）。だから、集まりを法律で禁止できないが、集まりやすいようにすべきでない。例えば、同じ都市で同じ事業をする全員の名前と住所を登記する

規則はよくないとまで言う。

　次のようにも言う。雇い主（employers, dealers）は競争を制限すれば常に有利となるが、社会全体の利益とは常に対立する。雇い主は利益率を自然水準以上に高めることにより市民に不合理な税金を課す。雇い主の階級が商業に関する新しい法律を提案したならば注意したほうがよい。こうした提案は社会全体と利益が一致しない階級から出されたものであり、「この階級は一般に、社会全体をあざむき、ときには抑圧することにすら関心を持っていて、このため、実際に何度も社会全体をあざむき、抑圧してきたのだから」（同2007上：p.274）。

　スミスはこのように同業組合だけでなく、その基となる商工業者・雇い主階級の競争制限・独占志向を強く非難する。スミスの商工業者に対する不信はかなりのものである。

2-1-3. 労働力の買手としての競争制限

　スミスは「労働の賃金」（『国富論』第1編第8章）を論じる中で、雇い主（masters）の労働力の買い手としての競争制限も取り上げる。

　賃金を巡り労使が対立した場合、使用者側が圧倒的に有利である。人数が少ない雇い主は団結しやすく、団結の禁止されている労働者（workmen）に要求を飲ませることができる。争議になってもしばらくは蓄えで暮らしていけるから、1週間ともたない労働者を打ち破れる。「雇い主はいつでもどこでも、暗黙のうちにではあるが必ず団結して、労働の賃金を引き上げないようにしている。この団結をやぶるのはどこでも、最悪の行動だとされ、地域や仲間の間で恥とされている。雇い主の団結の話をめったに聞かないのは、それが普通であり、自然の状態ともいえるものなので、誰も話題にしないからだ」（スミス, 2007上：p.71）。雇い主たちは共同行動で賃金を切り下げることさえあり、労働者は団結して抵抗するが、すぐに決着しないと飢え死にするから、行動は過激となる。雇い主はここぞとばかりに労働者の非を訴え、当局の介入を呼び、労働者は敗北する。スミスは、雇い主の労働力の買い手としての競争制限が「自然の状態」（natural state of things）だと言っ

ている。

以上のように、スミスは商工業者の種々の独占を指摘しており、商工業者はチャンスさえあれば、競争制限・独占を求めると見ている。

2-1-4. スミスの「商工業者」「雇い主」について

では、スミスが非難する「商工業者」「雇い主」とは、具体的にはどのような経済主体を指しているのか。ある場合は独占的貿易会社、問屋制商業資本、都市のギルド親方のような前期的資本が現れ、ある場合はマニュファクチュア経営者のような新興産業資本が現れる。資本主義発展に阻止的なものも促進的なものも、ともに独占の形成主体として非難していることになる。

『国富論』が書かれたのは、資本制市場経済を最終的に仕上げる産業革命開始期であり、資本主義発展の促進主体が優勢を占めていたとはいえ、前期的な資本も残っていた。例えば、大塚久雄は、産業資本主義化の進んでいた18世紀前半におけるイングランド羊毛工業について、南部では問屋制商業資本の支配が比較的強く、ギルド制が維持されている。また、「中産的生産者層」（独立自営農民、小工業者、マニュファクチュア）の力が強く、ギルド制が微弱になっていた北部ランカシャーでも、リヴァプールは──「産業の自由」のマンチェスターと違い──商人層の専制的支配下にあり、ギルド制と独占が強固に維持されていたと言う（大塚, 1951：p.133）。また、水田洋によれば、スミスが『国富論』を執筆していた18世紀スコットランドでは独立自営農民が現れておらず、それを母体とする農村織布業者や資本主義的農業者は成立しなかった。18世紀第2四半期以降のスコットランド経済発展の中心的推進力はスミスの批判した植民地貿易だった（水田, 1968：p.39）。絶対王政を打倒したピューリタン革命と名誉革命により、前期的資本への「独占特許」は廃止されたが、前期的資本は残存し、それが支配するギルド制や独占が完全に崩壊するのは産業革命の遂行を待たねばならない。スミスの批判対象にはこのような前期的独占の残滓が含まれる。

一方、大塚は一部における前期的資本の残存を指摘しつつも、Hrmann Levy の Wirtshaftsliberalismus in England などに依りながら、イングラン

ドでは遅くとも18世紀半ばころまでには古きギルド制や独占が本来の拘束力をほとんど喪失していたとする（大塚，1951：p.132）。したがって、上記2-1-1で見たスミスの重商主義政策批判の主軸は、絶対主義を打倒し、産業革命を準備しつつあった産業資本に対する保護政策・独占確保政策だったことになる。2-1-2、2-1-3で取り上げた「売り手としての競争制限」や「労働力の買い手としての競争制限」の主体にも、産業資本や小親方が含まれると考えるのが自然である。彼らの増加は競争を激しくし、淘汰されるものも現れ、競争による相互圧迫から自分たちを守ろうとしても不思議ではない。スミスは「都市の商工業者」はまとまっているので団結しやすいと『国富論』各所で言っているが、まだ交通が発展途上にあり[2]、全国的な競争関係が完成していない当時は、都市ごとの"談合"で独占が容易に形成されたと思われる。

　田中正司によると、スミスは『国富論』執筆以降、自然的自由の体系の実現を妨げるのは封建遺制や重商主義制度だけでなく、制度を改悪・悪用し、私益を公益と言いくるめ、私利をむさぼる商人と製造業者にあることを年と共に強く意識するようになったという（田中，2009：p.138）。「私利のむさぼり」は独占によるそれが中心だろう。スミスは、絶対王制を打倒した新興産業資本の世になろうが、市場経済は独占を生まざるをえないと認識するに至ったと思われる。

2-2. 独占批判の原点

　それでは、そもそもスミスはなぜ独占を非難するのか。市場経済の不正義化をそこに見るからである。

　独占・重商主義批判を一層強めたスミスは『国富論』第3版（発刊1784年）で「重商主義の帰結」（第4編第8章）を追加した。その中で言う。「消費こそが生産の唯一の目的であり、生産者の利益は消費者の利益をはかるために必要な範囲内でのみ配慮されるべきである。……だが、重商主義では、消費者の利益はほぼつねに生産者の利益のために犠牲にされている。そして、消

費ではなく生産こそがすべての産業と商業の最終的な目的だと考えているかのようである」(スミス, 2007下：p.250)。生産者は「適宜性」を持った「自己利益」を求めるべきだが、現実には消費者を犠牲にする"むき出しの利益"を求めていると言っているのである。また、生産者に独占的利益を与えている国家権力を「国民の一つの階層の利益をはかることだけを目的に、程度がどうであれ別の階層の利益を損なうのは、主権者がすべての階層に負っている義務、つまり公正と平等を行う義務に明らかに反している」(同2007下：p.243) と糾弾する。この生産者批判や国家権力批判は、独占が経済効率を損なうという現代風の批判と異なり、『道徳感情論』の想像的同感論・正義論に根ざしている。

　スミスの「正義」とは、その侵害が人に害悪を与え、侵害された「当事者」だけでなく「観察者」の憤慨も呼び、処罰の的になるものである (同2003上：p.208)。重要な「正義」の侵害として、生命の侵害、所有権の侵害、契約の侵害を挙げる (同2003上：p.219)。スミスは、『道徳感情論』では人は「自己愛」に基づき行動するものとする。したがって「富と名誉と出世を目指す競争」(同2003上：p.217) において、全競争者を追い抜くため「力走」するのは構わない。しかし、「かれがもし、かれらのうちのだれかをおしのけるか、投げ倒すかするならば、観察者たちの寛容は、完全に終了する。それは、フェア・プレイの侵犯であって、彼らが許しえないことなのである」(同2003上：pp.217-218)。独占はフェア・プレイの侵犯に当たる。人の「自己愛」は「他の人びとがついていける (go along with) ようなものまで、引下げねばならない」(同2003上：p.217) のであり、「正義」を犯すような「自己愛」――独占もそのひとつ――は許されない。

　この正義論の基礎に先述の想像的同感論がある。人間は「自己愛」で行動しても、自ら「観察者」の立場に立ってその「同感」を得られるように自己規制する。社会にはもっとも厳格に自己規制が求められるものがある。それは「正義」を犯すことの自己規制、つまり「正義」を守ることである。「正義」の侵犯による被害者の「憤慨」には「観察者」が「同感」し、結果、処罰が

呼び起こされる。人は不正への復讐、不正を予防するための暴力にはついていくし、「是認」を与える。これを恐れて人々は自己を抑制し「正義」が守られる。自然は「正義」を守らせるため、人間の胸の中に正義を犯すと処罰に値するという意識、処罰への恐怖を植え付けておいた。

　スミスによれば「正義」を守ることは、「慈恵」のように積極的な効用を生み出すものではないが、「慈恵」が「建物を美しくする装飾」であるのに対し、「正義」は「大建築の全体を支持する主柱」であり、それが除去されると人間社会は一瞬にしてばらばらになる（同2003上：p.224）。これは上記の「正義」の侵害の例を見れば納得できる。人々は社会的交流の中から守るべき「一般的諸規則」を生み出すが、その中では「正義」が例外の許されない最も厳密な規則である（同2003上：pp.369-370）。

　自立的人間の想像的同感による協和的社会の形成、その「主柱」となる「正義」、それに反するものとしての独占、これがスミスの独占批判である。もっとも、彼は効率性の視点からも独占を批判している。例えば、「独占は優れた経営の敵である。自由競争が行き渡っていて、自分を守るためには経営を最善のものにするよう、全員が強いられていないかぎり、優れた経営が行き渡るようにはならない」（同2007上：p.156）と言う。しかし、独占批判の視点として、より根源的な地位に置かれているのは正義論である。だからこそ、社会進歩の体現者、新興産業資本に味方する重商主義政策であっても独占は非難の対象になる。独占は効率を害すことも問題だが、そもそも「正義」に反し、社会の１人ひとりが自由な主体として協和的な社会を創る上での敵であることが問題なのである3)。経済学は、独占を正義を犯す市場経済の問題と認識しつつ生誕したのである。

2-3．経済民主主義者スミス

　スミスの独占批判は経済民主主義の主張である。経済は多数の対等な力を持つ経済主体によって担われるべきである。そうであってこそ、「自己愛（自己利益）」に基づく行動でもフェアな競争が生まれ、各人が意図しなくて

も「自然価格」の形成を通じて資本家、地主、労働者がそれぞれ満足しうる協和的な経済社会が成立する。多数者が主人公になる経済（言い換えると経済力が分散している経済）だから経済民主主義である。

　スミスはいわゆる自由放任主義者ではない。彼は独占志向を「商工業者」「雇い主」に共通する性向ととらえ、企業性悪説に立っていると言えるほどである。したがって、経済民主主義は放任していては実現できない。彼らに対しては常に疑いの目を持って見、その独占を正義論から処罰の対象にすべきなのである。「経済民主主義」は自然に成立するものではないから、状態を指す「客体的―形象的」概念であるだけでなく、「主義」としてその状態を目指す「主体的―行為的」概念でもある。つまり、経済民主主義とは多数者が主人公になる経済（経済力が分散している経済）であり、それを目指すことである。独占と闘うスミスはこの概念にふさわしい「経済民主主義者」である。

3. マルクスによる市場経済の問題性―物神性と労働の疎外―

　市場経済にはスミスがとらえられなかった問題もある。マルクスは、スミスをはじめとする「国民経済学者」は説明すべきものを説明せず、そのものとして受け入れてしまっているとする。分業・交換、商品・貨幣・資本、利潤・賃金・地代……をそれぞれに含まれている諸契機の発展においてとらえていない。つまり概念的、本質的に把握せず、それらの運動を目に映ったまま、法則として措定しているだけである（マルクス，1964：pp.84-85）。それらの表皮を引き裂けば、市民革命の原動力でありながら、その要求を切り捨てられた無産階級がとらえている問題が浮上する。「国民経済学者」の理論はブルジョア社会構築の理論であり、封建的世界像と対立する一方、無産階級の世界像とも対立し、その要求を無視する。マルクスは、見失われた無産階級の視点から問題を暴露する（内田義彦，1962：pp.45-46）。

3-1. 商品交換に内在する問題
　　―商品・貨幣の物神化と共同性的本質の手段化―
3-1-1. 商品・貨幣の物神化
　スミスが見ていなかった問題のひとつに、商品・貨幣の物神化がある。
　市場経済では人々の社会的交通は商品交換を媒介にする。独立的主体による商品交換の世界的拡大は――スミスの言うように――他の動物には見られない人間の共同性的本質、つまり、相互に役立つことのうちに自己を確証する人類固有の性格をあまねく実現する。だが、スミスが見ていなかったのは、市場経済では人々自身が共同性的本質を直接実現するのではなく、商品・貨幣が主人公となって抽象的にのみ実現することである。商品交換の拡大という表皮の内側で人間の共同性的本質の抽象化という問題が進行している。
　① 商品の価値性格
　商品は生産手段の私的所有に基づき生産されるが、それは共同性を排除した生産＝排他的生産である（平田,1969：p.57）。商品生産者の労働は直接的には社会的なものではなく、その商品が他の商品と交換され、初めて社会的総労働の一環であることが実証される。したがって、商品生産者にとっての商品の有用性は、交換できるということだけで、それを商品の「（交換）価値」として認識する（使用できるという商品の有用性、「使用価値」は「価値」の担い手としてのみ意味を持つ）。これとともに、私的労働のうちに潜在化している労働の社会性は、交換可能性という、商品の価値性格に変装される。そこでは、商品を生む労働は他の人間に役立つための具体的な姿は消え失せ、交換可能性という抽象的なものを形成する抽象的なものでしかない。
　社会の中でしか生きられない人間の労働は、どの場合でも社会の総労働の一分肢であり、人間的労働の特性は社会的労働であることである。だが、人間的労働が私的所有に基づいて行われると、その社会性が商品の価値性格に変装されることにより「抽象的にのみ人間的な労働」（同1969：p.91）となる。
　商品の価値性格は商品世界が価値の共同表現形態として貨幣を生み出し、商品価値が価格表現をとることにより確立する。貨幣誕生以降は、交換可能

性としての商品の価値は、商品の貨幣への転態により実証される。商品の価値は、貨幣に転態するまでは可能性としての価値であり、商品を生み出す労働も可能性としての社会的労働である。商品の貨幣への転態により、労働の社会性が証明されるとはいえ、貨幣は抽象的人間的労働の体化物として、人間的労働の社会性を観念的に表示する物にすぎない。したがって、商品交換においては、役立ち合うという人間の共同性的本質が、人々のつながりの中で直接的に実現されるのではなく、貨幣という物象の獲得において抽象的にのみ実現されるのである。

② 商品・貨幣の物神化

商品の交換しうるという価値性格は、私的所有に基づく自然発生的分業が生み出したものだが、商品にその過程が刻まれているわけではなく、もともと労働生産物に備わっていた自然的属性のように見える。また、一般的等価物であり、あらゆる商品と交換できる力を持つ貨幣は、商品世界が生み出したものだが、その痕跡は消え失せ、貨幣となった素材（金や銀）は自然的属性としてそのような万能力を持つように見える。

このように商品・貨幣という物象自体に力が備わっているように見えることをマルクスは商品・貨幣の物神的性格と呼び、人々が、宗教で自分たちの頭脳が生み出した神を崇拝するように、商品・貨幣を崇拝することを物神崇拝と呼んだ。商品・貨幣の物神性は、私的所有・自然発生的分業に基づく人々の社会的関係の物象的反映であり、その変装である。人々は社会の中でしか生きていけないから、その崇拝を拒むことはできない。商品を潜在的な貨幣価値として敬い、貨幣獲得自体を自己の確証とすることが市場経済で生き抜くすべになるのである。

3-1-2. 共同性的本質の手段化

人間の共同性的本質が物象化し、商品・貨幣物神が支配する下では、商品生産者の日常では相互無関心化が一般的となる。というのは、人々の社会的関係は直接的でなく、商品・貨幣物神への共通崇拝を媒介に成立しているだけだからである。商品交換の人々にとっての直接的目的は、商品の貨幣への

転化による生存の確保や致富の追求である。そこでは人々は相互に手段でしかない。「あらゆる生産物は、他人の本質すなわち他人の貨幣を自分の手もとにおびきよせるための餌であり、一切の現実的なあるいは可能的な欲求は、蠅がもち竿におびきよせられる弱みである——そこでは、共同体的な人間的本質が全般にわたり不当に利用されている……」（マルクス，1964：p.150）。

スミスは自己利益に基づく「取引と交換」に人類の共同性的本質の実現を見た。だが、私的所有に基づく「取引と交換」は共同性的本質を物象に変装させ、人々を商品・貨幣物神の支配下に置くものである。スミスは、貨幣を商品交換の便利な道具としてしか見ていないように、物神性を問題として意識しない。スミスが共同性本質の実現と見るものは、実は、本来それ自体として意義のある人間の共同性的本質の、生存や致富の手段への貶めである。商品交換による人々の社会的交通は、それが対等なものであっても（スミスの問題視する独占がなくても）、人間の相互無関心化・相互手段化をもたらし、相互役立ちの中で自己を確証するという人の類的本性を自己利益の手段として利用し合うという問題を内在させている。

3-2. 資本制生産に内在する問題—労働の疎外—

3-2-1. 資本制生産の出現

商品交換の発展が生み出した貨幣は、次の歴史を経て自己増殖する価値、資本に転化する。

商品生産の担い手は、生産手段を私有する労働者＝小生産者（都市手工業者や農村家内工業者）だった。小生産者は自分の労働で商品を生産し、それを生活資料と交換する。社会的分業の拡大とともに労働生産物のますます多くが商品として市場に登場し、商品価値実現を巡り競争が活発化すると彼らの間で分解が起き、一方では生産手段を失い、自己労働が不可能になった労働者が生まれ、他方では彼らを賃金労働者として多数雇用する産業資本家が生まれ、手工業的基盤の上での協業＝マニュファクチュアを運営する。協業

により生活資料獲得に必要な量以上に生産するようになった資本家の目的は、もはや生活のための生産ではなく、競争に強制され、生産に投じた貨幣価値を繰り返し増殖することに置かれるようになる。以上の産業資本家の「創世史」は植民制度による収奪、独占形成など国家の強力＝原始的蓄積政策により短縮される。

　マニュファクチュアの発展と共に拡大してきた資本・賃労働関係は産業革命により全機構化する。産業革命＝機械制大工業の展開は、マニュファクチュアによっては完全に駆逐されなかった小生産者を破滅させ、労働力の商品化＝賃金労働者化を一挙に進めるからである。さらに、半農半工的だった小生産者の解体は労働力の商品化と同時に農工分離もすすめ、両者相まって商品交換関係を全面化する。資本制生産関係と商品交換関係は同時的に全機構化する。

3-2-2.「自己労働に基づく所有」の否定

　小生産者は自分の労働を支出したがゆえに、その成果物を自己のものとする。スミスの言うように誰でも自分の労働に対する所有権を持っているから、その成果物も自分のものである。この「自己労働に基づく所有」が商品生産における本来の所有法則である。だが、資本家的経営の下では、労働と労働生産物は資本家のものである。賃金労働者から労働に対する天賦の所有権は失われている。それは、非合法に奪われたわけではない。労働や労働生産物が資本家のものになるのは、生産過程に入る前に労働者が期限付きで労働力の使用権を資本家に販売しているからである。

　このため、労働者は労働過程に入ると同時に資本に合体され、労働対象に資本家が命じる様式と労働時間・労働強度で労働力を支出せねばならない。労働者の活動は自己活動ではなく、資本家に属している。それは自分の能力ではなく、資本家の能力の発揮である。したがって、労働者は自分の労働において肯定されないで否定され、幸福と感じずに不幸と感じ、肉体的・精神的エネルギーは発展させられずに消耗する。彼は労働の外で初めて安らぎを感じ、労働は労働以外のところでの欲求を満足させるための手段にすぎなく

なる。労働は物質上の強制がなくなれば、ペストのように忌み嫌われるものとなる。自分の労働が自分に敵対し、労働は疎外された労働となる（マルクス，1964：pp.91-92）。

　労働が資本家のものだから労働の生産物も資本家のものである。その労働は、生産過程で絶えず他人（資本家）の生産物に対象化される。本来、労働の生産物は、労働する人の個性の対象化であり、それを見ることにより自分の能力確認の喜びを、他人がそれを使用することにより他人への役立ちの喜びを味わう。しかし、労働対象に注ぎ込まれた労働者の生命は、もはや彼のものではなく資本家のものであり、労働生産物が拡大するほど、労働者はますます自分を失っていく（同1964：p.88）。疎外された労働は自分の労働成果物が自分に敵対するという形でも現れる。

　この生産物は流通過程で貨幣に、貨幣は生産手段や生活手段に転態され、再び資本として労働者に対峙し、同じ過程がまた始まる。労働者は繰り返し、客体的富を資本として、彼にとっては外的で、支配し搾取する力として生産し続けることになる。

　このように、資本の下へ労働が包摂されると、労働と労働生産物は資本家のものとなり、労働者における「自己労働に基づく所有」は否定され、労働者は所有から分離する。労働生産物は資本に転化し、この分離が再生産され続ける。

3-2-3.「不払い労働による不払い労働の取得」

　労働者の対極、資本家においては「不払い労働による不払い労働の取得」が発生する。

　労働者は労働力商品の所有者としてはその購買者である資本家と私法上対等であり、賃金は労働力の価値を基準とする。しかし、労働力商品は労働力の価値以上の価値を生み出すという使用価値を持っている。資本家は労働力を支出させることにより、労働力の価値相当の賃金を支払っても、不払い労働の生み出した価値＝剰余価値を取得する。剰余価値の一部は資本家の生活手段に支出されるが、一部は資本に転化（資本の蓄積）され、追加資本とな

る。それがまた剰余価値吸収に使われる。これは、不払い労働による不払い労働の取得にほかならない。資本制生産は価値増殖の無限追求であり、ますます多くの不払い労働が蓄積され、ますます多くの不払い労働が吸収され続ける。

　追加資本が不払い労働の成果物であることは明らかだが、剰余価値創出のために使われた、資本蓄積に先行する本源的資本も、資本蓄積の経過中にその性格を変化させる。本源的資本は取得された剰余価値の一部が生活手段に転化しないと、生活手段確保のために食いつぶされたはずである（剰余価値の他の一部は資本蓄積に回されているから）。それが剰余価値の取得により維持されているということは、素材的には元のままでも価値的には剰余価値の転化されたもの、つまり不払い労働が生み出した価値に入れ替わったことを意味する。不払い労働による不払い労働の取得は全資本を貫くのである。

　直接生産者においては「自己労働に基づく所有」が崩壊し、所有から切り離される一方、資本家においては「他人の不払い労働による他人の不払い労働の取得」が実現する。マルクスはこれを商品生産の所有（Eigentum）法則の資本制的取得（Aneignung）法則への転変と呼んだ（『資本論』第Ⅰ部第7編第22章第1節）。

　スミスは市場の独占化を問題とした。それは商品所有者同士の対等な交換関係を不平等な関係に転じ、「見える手」による支配・収奪をもたらすものだった。これが「正義」に反することは誰にも明らかである。だが、市場は労働力商品の対等な取引、つまり「正義」を通じて「不払い労働による不払い労働の取得」という最悪の「不正義」、不平等を生み出すのである。

3-2-4．資本物神とレントナー化（労働の虚無化）

　貨幣は資本制生産の基礎上で資本に転化しうる。そのため貨幣は、貨幣としての使用価値の他に利潤を生み出すという追加的使用価値を受け取り、この特性において貨幣は商品となる。この商品は貸付という形態で販売され、売り手である貨幣資本家は利子を伴う返済という形で買い手から代金を回収し、価値を増殖する。この運動形態をとる資本が利子生み資本である。利子

は買い手たる機能資本家の生産過程で生み出された剰余価値の一部だが、利子生み資本それ自体においては、資本は生産過程を経ずに価値増殖するという運動形態が完成している。利子には剰余価値の一部という痕跡は残されておらず、貨幣という物そのものが生み出したように見える。貨幣は労働力の売買とその使用という、生産において資本家と労働者が取り結ぶ特殊歴史的な関係上で資本として機能しうるのだが、その関係は物に変装され、物が資本になってしまった。資本関係の物象化、資本物神の出現である。

機能資本家にとっても利子は資本所有の直接の果実として現れ、その反射的結果として手もとに残る利潤部分（企業者利得）は自分の監督労働の対価として現れる。そして、自己資本のみで経営する場合も、利潤は資本所有と監督労働の果実に分裂し、機能資本家も自分の一部を利子生み資本家と見なすことになる。こうして全資本家社会において利潤は利子と企業者利得に分裂し、価値増殖は直接生産者の労働と切り離され、貨幣という物の直接の成果、および資本家の監督労働への報酬という外皮をまとう。

すでに見たように市場経済は「自己労働に基づく所有」から「不払い労働による不払い労働の取得」へ向かったが、資本の物神化は自己労働、他人労働にかかわらず、生産過程における労働そのものと所有を切り離してしまうのである。これは市場経済のレントナー化と言ってよい。

内田弘はレントナーを「労働せずに私有する資産（資金・固定資産など）を根拠に経済的剰余を取得する者・組織」と規定する（内田弘, 2013：p.10）。資本制生産による労働と所有の分離、「不払い労働による不払い労働の取得」は、この規定に照らし産業資本家のレントナー化の第一歩としうる。だが、不払い労働を取得する産業資本家は労働を資本に包摂し、彼のものとしているから、そのレントナー性は外見には現れない。利子生み資本の担い手、貨幣資本家の出現と共にレントナーが顕在化し、レントナー化は利潤の一部を資本所有の成果と見る機能資本家へも波及する。さらに、レントナー化は資本制生産の発展に伴う諸装置がレントを生み出す諸装置へ転化することにより——例えば各種金融市場、外国為替市場、商品市場——市場経済の全住民

を巻き込むものへ拡大する。

　社会的交通が直接的である共同体中での「自己労働に基づく所有」は単なる生産物の所有ではなく、自己の精神的・肉体的能力を社会的に有用な形態で支出した成果を我が物にすることであり、人の共同性的本質中で自己の能力を確証すること＝自己獲得である。社会的交通が商品交換によって行われる市場経済下での小生産者の「自己労働に基づく所有」では、労働の成果は獲得されるが労働の社会性は獲得されず、労働は孤立化し、自己獲得は未完成に終わる。資本制生産による資本家的所有、つまり「不払い労働による不払い労働の取得」は自己獲得の放棄であり、他方での労働者における労働の敵対化（労働の疎外）である。そして、レントナー的所有に至ると、人間的労働の痕跡が一切消失した抽象的価値物という対象物の所有にすぎなくなる。レントナー化は人間的労働の虚無化つまり人間否定である。

　以上のとおり、資本制生産は、商品生産に始まる労働の孤立化を、労働者への敵対化に高め、最後には労働そのものを虚無化するのである。

3-3．中国温州市の例

　以上の、市場経済の発展による商品・貨幣の物神化、人間の共同性的本質の手段化、資本の物神化・レントナー社会化という過程は、移行経済国、中国の温州市でよく観察できる。温州市は商人性の強い地域で、計画経済の時代から個人企業（"地下工場"という存在だったが）や全国への行商が活発で、1978年末の「改革・開放」の決定以後、行商人などの情報を基に有望製品をいち早く生産し始めた企業家的な農家の出現で、各種の産業集積が次々に勃興した。産業集積の主体は小零細家族経営だったが、そこから中小規模の資本制個人企業へ、中小資本制個人企業から株式制の大企業への発展が起こり、温州市は、国家資本や外国資本に依らない地元農民主体の「下から」の市場経済化の地域として有名化した。

　この発展に関する温州市政府の役割は控えめだった。政府は物的支援は行わず、行ったのは社会主義イデオロギーに適合させるため、民間企業に公有

制企業の名義を貸す「掛戸経営」（「赤い帽子をかぶせる」と言われた）や集体経営的な株式合作制などを制度化したこと、それ以外では不良品の取り締まりぐらいだった。だが、この「政策なき政策」が民間企業の発展には効果的で、この点で、「各人は自分の生活をもっとよくするために自然に努力するものであり、この努力を自由に安全に行えるようになっていれば、きわめて強力な力になるので、他に助力がなくてもそれだけで、社会に富と繁栄をもたらすことができる……」（スミス，2007下：p.123）と言うアダム・スミスの申し子のような社会である。しかし、スミスは、その末年、封建制度や重商主義体制に代わるリベラルシステムにも道徳感情の腐敗を生み出す原因があると感じるようになったが（田中，2009：p.123）、温州もまたスミスにそう思わせるようなレントナー社会へ変質していった。

温州人社会には強い相互信頼関係が形成されており、これを基盤に「改革・開放」以後、「民間金融」が発展した。中国語の「民間金融」とは非正規の金融という意味で、政府の許認可を受けていない民間直接貸借（個人間、個人・企業間、企業間）、「会」（日本の無尽に相当）、個人貸金業者（銭庄、銀背）の他、許認可を受けている小口融資会社、質屋などを指す。「民間金融」は銀行から借りられない人、銀行への返済が困難になった人などが利用する。後者はつなぎ融資で、「民間金融」から調達した資金で銀行に返済後、銀行から再貸し付けを受け、「民間金融」に返済する。フォーマルな金融機関から資金調達できない商工業者は多く、「民間金融」の役割は大きい。

「民間金融」の原点はコミュニティを基盤とする相互扶助だが、1980、90年代の温州産業資本の利潤率が高かったため「民間金融」の金利も高かった（1980、90年代の年利平均は33.3％、ちなみに銀行貸出基準金利は13.3％。姜，2012：表3より算出）。このため、銀行金融から排除された商工業者の経営を支えるという慎ましい役を果たしていた「民間金融」は、次第に儲かる投資方式として選好されるようになり、利殖目的に一般市民、一般企業も参加するマネー・ゲームの場へ変わっていき、貸出金利はさらに上昇、2010年10月〜2011年10月では年利72〜96％が一般相場になった（姜・

辻田・西口，2013)。2011年、一般家庭の89％、企業の60％が民間金融を活用しているという中国人民銀行温州市中心支行による調査結果（同2013）は、温州人が「民間金融」を貨幣という「結晶」を引き上げる社会的るつぼに変え、総レントナー化したことを意味する。

　2001年前後から「民間金融」で集めた資金による温州人の投機で、各地の不動産価格が高騰する問題が起きていたが、レントナー化の災厄は2010年の金融引き締めをきっかけに「温州民間金融危機」の勃発という形で我が身に襲いかかった。2011年4月以降、銀行の貸し渋りで「民間金融」に返済できなくなった企業が多発、「民間金融」のみに依存していた企業も、資金不足化した「民間金融」からの資金調達が困難化、資金繰り難で工場閉鎖や倒産、経営者の「夜逃げ」が続出し、自殺者も現れた。2011年8月時点で、温州中小企業約36万社のうち30％が、生産停止や生産縮小に追い込まれたという中国における新聞報道（『21世紀経済報道』2011年8月17日付）がある（同2013)。さらに12年に入ると、リーマン・ショック後に温州で広まった銀行借入を企業が保証し合う「連帯保証（相互担保）」制度のために、「民間金融」とのかかわりが薄く、経営も良好だった企業をも巻き込み、破綻が加速度的に拡大した（同2013)。温州の中小企業は2005年頃からの賃金上昇の加速とリーマン・ショック以降の価格低迷により低収益化していたが、金融危機に追い打ちをかけられ、「改革・開放」以来のその発展は終わりを告げ、重大な転換局面を迎えた。

　市場経済発展の法則どおり、温州は小経営社会から価値増殖を自己目的とする資本家的社会へ向かった。それとともに貨幣物神・資本物神への信仰を深めた温州社会は、健全な商人気質・企業家精神を捨て去り、コミュニティを基盤とする相互扶助組織──人間の共同性的本質の現れ──を貨幣価値追求の手段に転化し、挙句の果てには経済的にも破綻したのである。

4. 独占資本主義による問題の悪化

　以上の市場経済が抱える問題性は、独占資本主義への移行と共に倍加される。

4-1．独占資本主義への移行
　資本制市場経済は産業革命により完成し、自由競争段階を迎える。だが、競争はやがてその反対物を生み出す。欧米先進国では、1873年の世界恐慌以降90年代中葉まで続く「大不況」を通じ、資本の集積・集中が高度に進み、特にその進展が著しい中枢産業部門は少数の巨大企業（以下、寡占大企業）により占拠される。寡占大企業は産業革命から生まれた機械制大工業を一段と大規模化・自動化し、巨大な生産力を実現し、それがもたらす高い市場集中度と高度の参入障壁を備えた市場構造（独占的市場構造）を基に、価格競争を制限する独占力も獲得する。前方・後方関連部門への垂直的企業統合や多品種生産化により複数部門へも支配を広げ、また、株式所有により多数部門の企業を一個の中心から統合支配する産業集団も形成する。さらに、同じように集積・集中を進めた巨大銀行資本と結合し、巨大産業資本と巨大銀行資本の結合体、いわゆる「金融資本」を形成する（北原，1984：pp.125-127）。こうして、寡占大企業及びそのグループが経済を支配する独占資本主義が成立する。「競争の必然的結果は、少数の手中への資本の蓄積であり、したがっていっそうおそるべき独占の再現である」（マルクス，1964：p.22，傍点筆者）。スミスにとって悪夢の復活である。

4-2．寡占大企業の「見える手」の出現―中小企業発展の抑制―
　各種産業の結節点になっている中枢産業を寡占大企業とそのグループが支配することにより、寡占大企業を起点とする取引関係が全国民経済を覆い、一国の再生産活動は寡占大企業の販売、購買、設備投資などの方針に強く左

右されるようになる。寡占大企業は新産業の創出・設備投資の爆発的拡大で国民経済を急膨張させ、中小企業の市場も急激に拡大することがある。だが、それは間歇的に起こるだけで、次のような、寡占大企業特有の経営行動により中小企業の発展を抑制する。

寡占大企業特有の経営行動は商品生産固有の「難問」、「商品価値の実現問題」に起因する。自然発生的分業は労働生産物を商品に転化させ、それにより労働生産物の貨幣への転化（商品価値の実現）を必然とさせるが、同時にその転化が成功するか否かを偶然にする。商品価値の実現、つまり販売は商品にとって困難に満ちた「命がけの飛躍」である。これが「実現問題」であり、簡単に言えば、商品は売れなければ商品ではないが売れるとは限らないということである。

商品生産者が市場で勝ち残るには、この「販売の不確実性」を少しでも低下させなくてはならない。そのためには、どのような使用価値の商品が求められているか、また、社会が容認する価格にするにはどのような技術が必要か——需要や技術に関する情報を獲得しなくてはならない。この「販売の不確実性」を低下させるための情報発見競争こそが市場競争の根幹である。膨大な固定資本投資の回収を必要とする寡占大企業にとって「販売の不確実性」は一層重大化する。都合のよいことに、寡占大企業はその低下のために新たな手段を手に入れている。すなわち、独占的市場構造を基盤に「販売の不確実性」を引き起こす市場そのものを管理する力の獲得である。

市場管理には第1に、寡占大企業の属する市場における価格・需要の管理がある。例えば、寡占大企業は寡占的協調により販売価格を引き上げ、その価格水準で売れるよう大量宣伝などで需要をコントロールする。また、購入寡占を基盤に購入価格を引き下げる。第2に、市場多角化により市場変動の影響を相殺する。市場多角化は売上拡大だけでなく、各市場の変動を相殺し、市場の作用を抑制する管理的行動の一種である。市場多角化には新市場開発、中小企業市場への侵入、輸出市場の開拓・対外直接進出などがある。第3に、強力な情報発信力と賃金支払い能力により労働力市場で優れた労働

力を優先吸収し、寡占大銀行との結合により金融市場で資金を優先吸収している。

これらは市場を完全にコントロールするものではないが、市場の作用を抑制し、市場は寡占大企業の市場管理活動という「見える手」の作用を強く受けることになる。これが中小企業の発展を抑制する。寡占大企業は価格管理により中小企業から価値を収奪し（収奪問題）、中小企業分野への進出などにより中小企業の市場を奪い（市場問題）、労働力や資金の優先吸収により中小企業の経営資源不足を発生させる（経営資源問題）。これら寡占大企業の課す中小企業問題が、中小企業の発展を抑制する作用を持つ（黒瀬, 2012：第Ⅰ部第3章）。

中小企業には企業家活動により中小企業問題の壁を破り、独立的に発展する「企業家的中小企業」もあるが、一部に限られ、他は、優れた技術を持っていても寡占大企業に市場を依存し、その経営計画に経営を左右される「半企業家的中小企業」、成長できず、低賃金などの消極的要因で存立している「停滞中小企業」で占められる（同2012：第Ⅰ部第4章）。

以上のように、支配的地位に立つ寡占大企業の「見える手」により中小企業の独立的な発展や成長そのものが困難となる。もはや、市場経済の特徴である商品所有者同士の自由・対等な関係は一部に限られ、支配・従属関係が市場を貫くようになる。寡占大企業による間歇的な産業急拡大で中小企業問題が緩和し、中小企業の発展が一般化することもあるが、その場合でも寡占大企業支配の産業連関の枠内に発展がとじ込められていることが多い。封建的共同体における人格的従属関係から人を解放した市場経済は、寡占大企業の支配体制の出現で、その反対物を生み出した。寡占大企業の支配力は前期的資本による独占とは比べ物にならぬほど強大であり、かくして、「いっそうおそるべき」ものとして独占は再現された（→24頁）。現代の市場経済はスミスの理想、経済民主主義からますます離れ、「正義」を犯す独占が支配者になってしまった。

4-3. 商品交換と資本制生産に内在する問題の進行
4-3-1. 寡占大企業による共同性的本質の手段化

　寡占大企業は人間の共同性的本質の手段化も一層促進した。寡占大企業は工場の完全自動化を進めた上、その結合体（コンビナート）を構築し、巨大生産力が吐き出す巨大生産物量の販売を確実にするため、全国隅々にわたる流通機構も完成させた。全国的市場統合は独自的な地方産業と地方生活圏を崩壊させ、農業の衰退と相まって地方のコミュニティを解体した。同時に寡占大企業はその立地地域では地域的連帯のない砂漠化した都市をつくり出し、やはりコミュニティを解体した。人と人の直接的関係が残存していたコミュニティの解体により、人々の社会的交通は商品交換関係に完全に吸収され、貨幣・商品物神の支配力がますます高まり、人々の相互無関心化・相互手段化、すなわち、人の共同性的本質の手段化が限りなく進行した。

　共同性的本質の手段化は寡占大企業の需要管理によっても進んだ。寡占大企業は消費者操作を発展させ、大規模な販売促進活動と幻想的な製品差別化、戦略的な製品変更政策など種々の手法で消費者の新たな欲望を引き起こし、消費者から商品選択の主体性を奪った。ガルブレイスによると、消費者の自由がなくなったわけではないが、寡占大企業は「消費者の自由裁量を企業にとって耐えうる限界内に押しとどめておく」ことができ（ガルブレイス，1972：p.285）、「顧客の自由な選択の行使によって大規模な脱落を心配しないですむ安定した顧客群を持つこと」ができる（同1972：p.283）。市場経済では消費者は「役立ち」の対象ではなく、商品価値実現の手段でしかない。それでも自由競争段階では消費者の欲する使用価値、消費者の要求する価格水準への適合が必要だったが、いまや、寡占大企業は消費者の欲求の方を自身の商品の使用価値と価格水準を受け入れるよう操作するのである。消費者の自己利益への手段化の完成である。

4-3-2. 寡占大企業による労働の包摂の完成

　寡占大企業は、内においては労働の資本への包摂を完全化する。資本制生産では労働は資本に包摂されている。しかし、労働力商品を資本家に売った

だけでは、労働は資本に形式的には包摂されるが、完全には資本家のものにはならない。労働の資本への実質的包摂を進めたのは産業革命である。マニュファクチュアの生産機構は労働者から独立していなかった。マニュファクチュアでは労働者は部分工程に適合させられるが、工程の方も労働者に合わせるからである。産業革命が生み出した機械制大工業では、機械体系として生産機構が客体化している。生産の総過程が技術的な工程編成の原理に沿って分割され、各工程には特殊化された単能機が配置され、労働者はそれに付属する。生産の主体は機械体系で、部分機械に付属した労働はその特殊機械の下でのみ意味ある特殊労働へ骨化している。結果、マニュファクチュアでは絶えず労働者の不従順と闘っていた資本家は、機械体系により労働者に対する支配権を確立し、労働の資本への実質的包摂を格段に進めた。

しかし、この段階での機械は手作業を労働者から奪ったが、その操作には経験による判断が必要だった。このため、労働者は判断能力を中心とする新たな熟練を獲得し、それが生産遂行上重要な役割を果たしたから、資本家の労働支配はなお不完全だった。だが、独占資本主義への移行とともに大企業は科学的研究を大々的に企業内化し、製品と労働手段の革新をリードする。中心製造工程にはより完成された機械＝完全自動機械が導入され、機械と機械のつなぎも連続化・自動化され、労働者の判断能力は機械という客体の中に吸収された（中岡，1971を参照した）。自動車のように組立工程が多い産業では自動機械化は遅れたが、その代わりテーラーシステムに基づき、ベルトコンベアー支配下で極端に細分化し、単純化した労働を繰り返し行う「意識ある自動機械」を生み出した。

こうして、独占資本主義は労働者から判断能力＝精神的力能も奪い、労働の資本への合体を完成させた。労働の疎外は深化し、「不払い労働による不払い労働の取得」の仕組みもより強力化された。

5. 中小企業による対抗

　以上のように独占資本主義への移行とともに市場経済の問題性はさらに深まったが、中小企業は、限界はあるものの、これに対抗する機能を持っていることを述べたい。

5-1. 中小企業による市場経済の民主化

　先に、経済民主主義を多数者が主人公になる経済（経済力が分散している経済）であり、そのような状態を目指すこととした。「多数者が主人公になる経済」を具体化すれば、第1に、a.市場が多数の企業により担われ、b.企業間の取引が対等で、c.意欲ある者の市場への参入が自由であること、第2に、巨大企業や巨大銀行など経済の中枢を支配する企業の行動が社会的に規制され、中小企業など不利な立場にある経済主体に対する不利是正策が講じられることである。第1が実現されていれば第2は論理的には不必要だが、現実には第1は実現されていないので第2が要る。

　以上を念頭に置き、中小企業の経済民主主義推進に関する役割を検討する。

　大企業は社会の総資本の集中を進め、多数中小企業の存在は総資本を分散する。だが、資本が分散しても企業が独立的でなければ、大企業に経済力が集中し、多数者が主人公にはなれない。実際のところ、独占資本主義下の多くの中小企業は、寡占大企業に従属しつつ生き抜こうとする。しかし、市場競争の根幹である情報発見競争において他の企業が簡単には得られない情報を獲得し、それを基に情報参入障壁で囲まれた「独自市場」を構築、大企業とも対等の取引を実現する「企業家的中小企業」も現れる。それにつれて経済力の分散も進む。経済力が分散し、公正な競争が行われる市場が拡大すれば、参入の意欲も参入の自由も増し、また新たな中小企業が出現し、大企業への経済力集中を相対化する。これが中小企業の経営実践による経済民主化作用であり、上記「第1」を進めるものである。

だが、中小企業が「企業家的中小企業」へ成長する上で障害になるのが、先に述べた中小企業問題である。これを経営努力で打破するのは困難なため、現実には「企業家的中小企業」は少数にとどまる。これを自覚した中小企業家たちは、市場社会の外にあり、政治社会とも区別される公共社会（「市民的公共圏」）を基盤に反独占・経済民主化運動を起こし、中小企業の不利を改善する公共政策を要求する。場合によっては寡占大企業に直接、優越的取引の是正を要求する。上記「第2」の追求である。中小企業の経営実践による経済民主化の状況については黒瀬（2012）で触れたので、本稿では中小企業による反独占・経済民主化運動を取り上げる。まず、2つの例を紹介する。

5-1-1. 中小企業家同友会の歴史と特徴

中小企業家同友会の歴史は古く、その前身は1947年発足の全日本中小工業協議会（全中協）である。敗戦後、財閥解体など経済民主化が行われる一方、経済統制により大企業に資材・資金を優先配分するなど、中小企業を犠牲にした大企業復興策がとられた。全中協は、このような「改革と収奪」を背景に中小企業運動が活発化する中で生まれた中小企業経営者団体のひとつで、綱領で「中小工業者の擁護と日本経済再建への寄与」「大工業偏重政策の弊の排除と資材・資金の公平配分の実現」「独占資本・問屋資本搾取関係からの脱却」を掲げた。経済再建への寄与など中小企業の社会的存在意義が高まっている一方、政府統制による大企業優先、独占資本・問屋資本による収奪が中小企業に重大問題を課しているという認識である。中小企業が劣弱だから保護せよと言うのでなく、社会へ貢献する可能性を政府や独占資本が妨げているから、反独占、反統制、つまり経済民主主義を追求するのである。

全中協は他の中小企業団体とともに中小企業者の大衆運動を展開し、資材・資金の公平分配、租税重課反対、中小工業専管機関の設置、中小企業専門金融機関の設置などを要求、中小企業金融公庫創設（1953年）に当たっては、全中協委員長が理事に就任するなど、大きな影響力を持った。また、経済民主化政策の後退と朝鮮戦争後の反動不況を背景とする独禁法改正

（1953年）にも反対運動の中心になった。この改正は、カルテルの全面禁止主義から弊害規制主義への転換（不況・合理化カルテルの容認）、不当な事業能力格差規定の削除による市場構造規制の完全骨抜き（大型合併の容易化）などにより、独占支配強化の道を開くものだった。中小企業者は1953年、独禁法緩和改正反対と所得税法改定反対で3,000名を結集した「全国中小企業者大会」を開催、その後与野党合わせて298名の中小企業議員連盟が生まれるなど、中小企業運動は高揚した（中同協，1999：p.24）。

だが、過当競争を宿命とする中小企業は、次のように、統制による競争制限の誘惑に負けやすい。

戦前、日産コンツェルンを創設した鮎川義介は、戦後、中小企業振興の道に進んだ。鮎川の回想録（宇田川，2006）によると、戦後、重工業を発展させるには資本も資源も不足していたので、日本人の器用さを活かし良品質製品を少量生産する中小企業こそ、産業の柱にすべきと考えたらしい。1953年参議院議員に当選、中小企業経営者の政治的圧力団体として56年に中小企業政治連盟（中政連）を設立し、中小企業の競争制限を可能とする「中小企業団体法」制定のため、私財を投入し大々的に運動を始めた。すでに、中小企業の不況カルテルを独禁法の適用除外とする「特定中小企業の安定に関する臨時措置法」（1952.8.1公布・施行）、これを恒久法化した「中小企業安定法」（1953.8.1公布・施行）があったが、団体法案は中小企業カルテルの恒久化、つまり不況要件がなくとも競争制限のための組合結成を可能にした上、カルテルを確実なものにするため政府が員外者に組合加入を命じることができるとするものだった。1956年に「百貨店法」と「下請代金支払遅延等防止法」が成立し、全日本小売商団体の反百貨店運動、全中協の下請支払促進運動が先細りになるなど、中小企業者運動の停滞が始まった時期でもあった。そのため、中政連の運動は過当競争に苦しむ中小企業者の間でブームを呼び、多くの中小企業団体が参加、全中協の主流幹部も中政連に参加し、「中小企業団体法（中小企業団体の組織に関する法律）」（1957.11.25公布・施行）も成立した。

しかし、全中協には、中小企業の過当競争は巨大企業の寡占体制が引き起こすもので、一片の法律では是正できず、しかも団体法は官僚統制により中小企業の自主性を抑制する反民主的なものとして、中政連に反対のメンバーもいた。彼らは、1957年、全中協の反独占・反統制の理念を引き継ぐべく、東京で日本中小企業家同友会（後、東京中小企業家同友会）を結成した。1957年の不況（いわゆるナベ底不況）の翌年、不況・合理化カルテルの拡大、合併規制の緩和を軸とする独禁法改正案が提出されるとこれに反対し、逆に大企業の分割を可能とする事業能力較差規定の復活、カルテル原則禁止、取引上の優越的地位の乱用に対する取り締まり規定など、独禁法の強化改正を要求した（消費者団体、農民団体の反対もあり、この改正法案は廃案になった）。1963年の「中小企業基本法」制定に際しては、独占強化の立場からの中小企業近代化策だと反対し、同時期の政府提案による特定産業振興法案にも、独禁法に風穴を開けるものと反対した。

　同友会は反独占的視点からの社会運動だけでなく、他に見られない特徴ある活動も始めた。1973年に設定された３つの目的、「よい会社を目指す」（労使対等・人間尊重経営など）、「よい経営者になる」（科学性・社会性・人間性を備えた経営者を目指すなど）、「よい経営環境を目指す」（産業構造や政治・経済の仕組みの改革など）の最初の２つに示されているように、民主主義的、人間尊重的視点から経営者層の自己革新も目指した。その代表例が、あるべき労使関係の追求である。1960年代から労使問題を積極的に取り上げ、その積み重ねを基に1975年、経営者の経営権と経営責任を明確にすると同時に労使は相互に独立した人格と権利を持つ対等な関係にあるとする「中小企業における労使関係の見解」を発表した。家父長的意識、反労働組合意識の強い中小企業経営者が多い当時としては、労働者をパートナーと見なすことにもつながるこの見解は画期的だった。また、経営責任明確化の具体策として取り組まれた経営指針成文化運動が、経営的にも革新的な中小企業を生み出し、中小企業経営者に対する同友会の魅力を高めた。組織原則として、「自主（外部からの一切の支配・介入の排除）・民主（民主的な考え方

の普及とボスを作らない民主的運営)・連帯(会員の相互信頼と諸階層との協力)」を貫いていることも、主体的意識の強い中小企業経営者をひきつけた(なお、中政連は1959年の参議院選で大掛かりな選挙違反事件をおこし、勢力を失った)。

続いて、同友会の近年の運動成果を見てみよう。

5-1-2.「金融アセスメント法」制定運動

近年の同友会の注目すべき運動として、第1に挙げられるのが、「金融アセスメント法」制定運動である。この法案の目的は、中小企業や地域への金融の円滑化と金融機関による不公正な取引慣行(例えば、物的担保や連帯保証人の要求)の是正である。金融機関を評価する機関を設け、金融機関の地元貸出比率や中小企業向け貸出比率、また、金融機関が一方的に貸付条件を押しつけていないかなどを評価する。評価機関は評価結果をランク付けして公表し、金融監督機関は評点の悪い金融機関に対し支店の新設などを認可しない――というものである。アメリカの「地域再投資法」を範としている。

制定運動は1997年、98年に横行した中小企業に対する金融機関の貸し渋り、貸し剥がしへの反撃として始まった。2000年、福岡中小企業家同友会が「金融アセスメント法」制定の署名運動を開始、2001年中同協(→36頁)でも「金融アセスメント法推進会議」を設け、9月、法制定を求める国会請願署名活動を始めた。中小企業経営者だけでなく、社員、家族、取引先、一般市民にも賛同を求め、わずか半年後の2002年3月末に70万名もの署名を携え、第一次国会請願活動を行った。他方、国会では民主党が参議院に「アセスメント法」と同趣旨の「地域金融円滑化法案」を2001年6月20日に提出したが廃案となり、翌2002年2月6日一部修正して参議院に再提出した。「金融アセスメント法」には信用金庫や信用組合も共感を示し、さらに地方議会からも「金融アセスメント法制定促進」決議・意見書を採択するところが続出した。運動は拡大し、ついに2003年2月5日には100万名署名突破を確認、3月6日に第2次国会請願運動を行った。2003年12月4日現在、「金融アセスメント法制定促進」決議・意見書を採択した自治体議会は738議会

（全自治体の22.8％、25都道府県にわたる）にも及んだ。北海道では道議会をはじめ全自治体213議会で意見書が採択された。

2002年末、民主党案は廃案になったが、このように市民にも広まった運動を政府も無視できず、金融審議会金融分科会第二部会報告「リレーションシップバンキングの機能強化に向けて」（2003年3月28日）では、リレーションシップバンキング強化のためには「中小・地域金融機関」（地方銀行、第二地方銀行、信用金庫、信用組合）が地域貢献に関する情報を自主的に発信することが有効で、その情報は将来、「中小・地域金融機関」の地域貢献について第三者機関が利用者の立場から評価する際に活用することも考えられるとし、リレーションシップバンキング推進という文脈の中で「金融アセスメント法」の発想が取り入れられた。また、信用保証制度における第三者保証人徴求の原則廃止もこの運動の成果と言える。

国吉（2003）によると、中同協が1987年に売上税反対運動に取り組んだときの署名数は13万名だった。売上税反対は中小企業者や消費者にはわかりやすいスローガンであるのに対し、「金融アセスメント法」の理解には学習が必要である。それにもかかわらず、100万名を突破する署名が集まり、多くの地方自治体議会の賛意を勝ち取ったことは、中小企業の置かれている不利と中小企業の権利獲得の必要性を人々が理解しているからに他ならないとしている。

「金融アセスメント法」制定運動は、中小企業に対し販売寡占的な地位にある金融機関を社会的に規制し、中小企業や地域へ貢献するよう仕向けるもので、金融機関の優越的地位と大企業への優先的資金供給という金融システムの構造を転換させるものである。単なる物取り主義ではなく、中小企業や市民が共通に課されている市場経済の不平等性を改革するものだから「市民的公共圏」において支持を得た。

5-1-3.「中小企業憲章」「中小企業振興基本条例」制定運動

中小企業家同友会の市場経済改革運動は「中小企業憲章」と「中小企業振興基本条例」制定運動へ発展する。EU理事会は2000年に「欧州小企業憲章」

を採択した。そこでは前文で「小企業はヨーロッパ経済のバックボーンである」とし、「小企業は仕事を生み出す源泉、ビジネス・アイディアを育む大地。（だから）新たな経済へ向かおうとするヨーロッパの努力は小企業をそのための最重要の課題とすることによってのみ成功するだろう」とし、2002年のEU報告書「ヨーロッパ小企業憲章の実行に関する報告」は、「小企業を第一に考える（think small first）ことこそ、EUの企業政策のエッセンス」とした。EU各国やEU政府はこれに基づく政策実施を義務付けられ、実行具合が検証される。これに触発された同友会は2003年から中小企業憲章制定運動を始めた。会内での学習活動を通じ、「私たち日本国民は、国民一人ひとりを大切にする豊な国づくりのために、日本の経済・社会・文化及び国民生活における中小企業の役割を高く評価（する）」という書き出しで始まる中小企業憲章案を作成、この運動が民主党に影響を与え、2007年に同党も「日本国中小企業憲章（案）」を作成、2009年衆議院総選挙のマニフェストに憲章制定を掲げた。民主党政権成立により、中小企業庁が憲章制定の作業に入り、2010年6月18日に閣議決定された。そこでは、「中小企業は、経済を牽引する力であり、社会の主人公である」と中小企業を高く位置づけた上、政府は「どんな問題も中小企業の立場で考えていく」としており、同友会の憲章案を強く反映している。

　一方、「中小企業振興基本条例」は県、市、区といった地方自治体が制定するもので、1979年の東京都墨田区での制定を最初に、徐々に広まり、113市区町、29道府県で制定されている（2013年12月24日現在、中小企業家同友会全国協議会調べ）。その内容は、中小企業の重要性をうたい、中小企業の自助努力の必要とともに中小企業の振興は行政の長の責務であり、住民もまた中小企業振興に理解・協力すべきと述べたものが多い。これにより自治体行政の中核に中小企業振興が位置づけられ、中小企業もまたその施策に積極的に協力する道が開かれる。

　同友会は中小企業憲章の精神を地域レベルで具体化するのが中小企業振興基本条例と位置付け、各都道府県同友会が地元自治体に制定を呼び掛けた。

例えば、熊本県中小企業家同友会では、会員が手分けして県下の全45市町村の首長に会いに行き、基本条例と中小企業憲章を考えるシンポジウム（2011年2月25日開催）への参加を要請した。基本条例を知らない市町村の首長もおり、会員が必要性を説明した。その結果、全180名の参加者のうち46名は行政関係者で、内訳は30市町村39名、国3名、県4名となった。このように、中小企業経営者が行政をリードしていることに注目したい。

　中小企業憲章と中小企業振興基本条例は、周辺化・従属化されている中小企業の本来あるべき位置づけを宣言し、中小企業の優先的振興をうたっている。近年の中小企業家同友会の運動は、かつてのように反独占を標榜していない。業種的には製造業以外の会員が、業態的には独立企業が増加したためと思われる。しかし、寡占大企業に経済権力が集中している中で、市場や公共政策の機構中に中小企業に有利な仕組みを築く運動は、創造的な反独占運動であり、経済民主化運動と言える。同友会による中小企業家たちの「市民的公共圏」を拠り所にした経済民主化運動は一定の成果を上げている。

　なお、中小企業家同友会の会勢は次のとおりである。

　1957年出発時での同友会の会員数はわずか70名だったが、その活動は全国の中小企業者に着実に影響を及ぼし、各県で同友会の結成が進み、2005年、秋田県での結成を最後に全都道府県での設立を達成した。1969年には都道府県同友会の協議会として中小企業家同友会全国協議会（中同協）も創設され、2013年12月1日現在、全国の会員数は43,160名（大部分企業経営者、平均従業員規模30人）である。

5-1-4．中小企業労使による反独占闘争

　一方、直接的な反独占闘争も展開されている。2010年、関西の生コン協同組合（阪神地区生コン協同組合、大阪広域生コンクリート協同組合など）が労働組合のストライキに後押しされ、生コン価格の引き上げを求め、ゼネコンに対し出荷拒否に打って出た。中小企業労使による反独占共闘である。どのようにして労働組合と共闘するような協同組合が現れたのか。安田（2005）によると、およそ次のとおりである（中小企業組合総合研究所，

2013も補足的に参照した)。

　反独占共闘を主導したのは、1965年、生コン労組の横断組織、生コン共闘会議を基盤に個人加盟の産業別組織として発足した全自運関西生コン支部（1984年、全日本建設運輸連帯労働組合関西地区生コン支部、略称連帯労組関生支部へ）である。産別組合である生コン支部は、競争に埋没する個別企業と違い、生コン産業全体の利益を視野に入れられる。1970年代半ばからの減速経済化で生コン設備は構造的に過剰化、生コン業者の中でも経営悪化が著しかったのが、セメント大手の子会社でない独立系中小企業だった。彼らは供給過剰になると真っ先にセメントメーカーの出荷調整の対象になり、ゼネコンからは価格引き下げを要求される。生コン支部は彼らを労働者を搾取しつつも大企業に収奪される存在と捉え、経営者側に中小企業と労働者の共同行動によりセメント・ゼネコン大企業と対決し、業界の自立を図るという路線を提起した。その中心政策として掲げたのが、協同組合による共同受注・共同販売体制の構築で過当競争から脱却することだった。当時、協同組合はあったが、共同化という本来の役割は果たさず、単なる寄合にすぎなかった（安田、2005：p.115）。1973年以来、経営者側団体との集団交渉も制度化させ、着実に各種の労働協約や合意を達成、1982年にはそれらをまとめ、大阪兵庫生コン関連事業者団体連合会との間で「雇用の確保」「生コン工場新増設の抑制」など「32項目」についての合意を確認した。

　しかし、この労使共闘は運輸一般（全自運の後身）内の組織混乱・分裂、セメント大手子会社による大阪兵庫生コン工組（集団交渉相手）のヘゲモニーの奪取（1984年）により崩壊した。経営側は労組敵視化を始め、従前の労使合意を反故にした。この背後には生コン業界を拡販の手段とするセメント業界の、労使共闘による生コン業界の自立化に対するいらだちがあったという（安田、2005：pp.142-145）。これとともに業界の協調体制も崩れ、生コン設備の増設も復活、構造改善事業（1978年業種指定）による設備廃棄で生コンの適正価格が浸透しつつあったのも束の間、価格の下落が始まった。さらに、「バブル景気」の崩壊が直撃し、1991～93年に大阪府下の生コン業

者51社が倒産ないし廃業に追い込まれた。

　危機的状況に陥った生コン業界から労働組合との協調を図る動きが出た。大阪地域にあった5つの協同組合の理事は、生コンを値戻しするには協同組合を一本化した上、員外企業を加入させるしかないと生コン支部に同調、労組に対し広域の協同組合結成について協力を要請した。経営側に労組敵視政策撤廃を確認させた上、連帯労組関生支部と他2労組（生コン産業労働組合、全日本港湾労働組合大阪支部）は協力要請を受諾、3労組で生コン産業政策協議会を結成し、員外企業を説得するため、大阪一円を奔走した。努力は実り、1994年11月大阪生コンクリート協同組合が誕生、50％だった組織率は、96年70％へ上昇、95年には共販体制を構築した。95年の大阪の生コン価格は1立米10,350円（安田，2005：p.165）、販売価格から4,000円引きは当たり前とされていたから実勢価格は7,000円見当、それが、97年には13,000円台に回復し、完全現金取引も達成した。価格上昇により完全週休2日制、年間労働時間1,800時間以内も実現し、中小企業労使がともに利益を得た。ちなみに、この労働時間は60年代の残業時間以下である。

　生コン業界は再建されたが、1981年の大阪の生コン価格は13,647円（安田，2005：p.165）、1997年の価格回復はこの水準に戻ったにすぎない。2000年代に14,000円台に上昇した価格は2004年から再び13,000円台に低下した（同2005：p.197）。この状況を打破するため、冒頭のゼネコンに対する出荷拒否闘争が遂行された。木下他（2011）によると次のとおりである。

　2010年、労働組合の春闘に後押しされ、協同組合はゼネコンに価格引き上げを要求、ゼネコン側は拒否、これに対し、生コン労使は、6月27日、「生コン関連業界危機突破！総決起集会」を開催した。近畿一円の生コン関連の経営21団体966名、労働9団体1,206名が一堂に会し、大阪、兵庫を先頭に生コンの適正料金化に取り組むこと、適正料金を支払わない場合は出荷拒否するとの決意を表明した。そして、労働組合（連帯労組関生支部、生コン産業労働組合、全日本港湾労働組合大阪支部）は協同組合（大阪広域生コンクリート協同組合、阪神地区生コン協同組合など）の経営者会に生コン価格引き上

げのためストライキを通告、7月2日からストライキが始まった。ある経営者は次のように言う。「生き残るために追い込まれているという危機感を持ってます。仕事が減り、受注単価が切り下げられて生きる余地がなくなっているのです。私はストライキをかけられている側ですが、労働組合の考え方に賛同しています」（同2011：p.90）。出荷拒否は労働組合員のいない企業や協同組合未加入企業も同調（初期には未加入企業経営者によるピケ破りもあったが）、オール中小企業、オール労働者による闘いになった。これにより、大阪・梅田北ヤードでの大規模開発現場の建設（竹中工務店、大林組）も止まった。7月23日くらいから値上げを認める念書を入れる中堅ゼネコンが出始め、選別出荷を開始、最後まで値上げに抵抗したのが竹中工務店など大手ゼネコンだったが、9月24日に全ゼネコンが値上げに応じた。しかし、新価格での代金の入金が確認できるまでストライキは継続、さらに労組と協同組合間の賃金引き上げ交渉もあり、ストライキは11月17日まで続いた（一面共闘一面闘争）。生コン価格は3月31日までの旧契約分が1立米16,300円、4月1日以降の新契約分が16,800円、目標の18,000円は達成できなかったが、平均1立米2,500円以上上がり、ゼネコンの負担は約22億円（武，2010）、生コン業者と労働者の勝利だった。

　中小企業の協同組合はありふれた存在だが、顧客の寡占大企業に出荷を拒否する協同組合はない。経営者たちは、「確かに倒産覚悟で生き残りのために闘っているが、同時に、不況と大企業のしわ寄せに苦しむ多くの中小企業の苦境と気持ちを代表して、地域社会のためにも闘っている」と異口同音に語ったという（木下他，2011：p.85）。個々の利益を超え、地域の社会的利益に目覚め、労働者とともに寡占大企業の収奪と直接対峙する中小企業経営者が現れたのである。

　念のため、次の点を付け加えておく。以上の協同組合による価格引き上げ運動は、購入寡占により価値以下に価格を切り下げられた中小企業が、取引関係を対等化し、等価交換を貫こうとするものである。等価交換こそ自由・対等な競争の基礎である。したがって、寡占大企業が独占的市場構造を基盤

とする競争制限で価値以上に価格をつり上げることとも、上述の、国家統制で中小企業の競争を制御しようとする中政連の運動とも質を全く異にするものである。

5-1-5. 中小企業家を反独占・経済民主化運動に立ち上がらせる要因

　多くの中小企業は寡占大企業に直接、間接に従属している。何事によらず、支配・従属関係が日常化すると、被支配者もそれを自然のものと認識し、その下で生き抜こうとする。中小企業の場合は多くが経済的な「従属のメリット」により存続しようとする。たとえば下請企業は親企業の単価削減要求を恒例のものとして受け入れる。受注確保のためには親企業に従うのは当然なのである。だが、以上のとおり、中小企業経営者には寡占大企業の支配に異を唱え、実際に行動を起こしている者がいる。中小企業家同友会の場合も関西の生コン業者の場合も、運動の形態は違うが、彼らを運動に立ち上がらせるのは、中小企業の社会における存在意義を確信し、同時に中小企業に共通する問題も認識し、その解決が自己利益のみならず社会的利益を生むという信念である。狭い視野からの物取り主義では持続的な運動は起きず、市民の共感も得られない。

　スミスは、自己利益の追求が自然に協和社会をもたらすとしたが、今日ではそれは幻想にすぎない。市場経済の民主化にはこのような自覚的な中小企業家の運動が不可欠であり、それは一定の成果を上げている。

5-2. 中小企業による市場経済の人間化

　すでに指摘したように、独占資本主義への移行により、商品交換が生み出す商品・貨幣物神の支配力はさらに高まり、人々の相互無関心化・相互手段化は一層進行した。また、独占資本主義への移行と共に生産過程における問題も深化した。すなわち、巨大企業の生産単位、コンビナートでは中心製造工程の機械・設備体系は完全自動化へ接近し、労働者から判断能力＝精神的力能も奪い、労働の資本への合体を完成させた。これにより労働の疎外は深化し、「不払い労働による不払い労働の取得」の仕組みはより強力化された。

しかし、それぞれに対し、以下で見るように中小企業による対抗的な行動も見られる。本稿はこれらを一括して市場経済を人間化するものととらえ、具体的な事例をもとにその内容を明らかにする。

5-2-1. 中小企業による共同性的本質の手段化への対抗
—商品交換関係の人間化—

商品・貨幣物神の下で人間の共同性的本質の手段化が進む一方、次のような中小企業が現れている。

① 香川県高松市の（有）スカイファーム（2010年取材）の経営者、川西裕幸（当時28歳）は子供のころから好きだったイチゴの栽培を行っている。だが、初めのうちはイチゴを農協の集荷場に"どさっと"持ち込むだけで、消費者の反応はわからない。イチゴは単なる交換物で、苦労して創り出した品質で人に「役立っている」という実感は消え失せていた。単価も下がる一方で、将来への希望がだんだんなくなっていった。

転機になったのは香川中小企業家同友会での経営方針作成の勉強会だった。ここで、顔の見えるお客の要望に応えることが商売の原点であることを知らされ、イチゴを直接お客に売ることを決断した。「顔の見えるお客様に、美味しいいちごを食べて笑顔になってほしい。……育てる人と味わう人は顔の見える関係でなければならない。一粒のイチゴに夢と感謝の気持ちを込めてお届けいたします」──同社ホームページに書かれているこの経営方針には、消費者との直接的関係の復活という望みが強く込められている。

スカイファームでは畝でなく、長い棚の上に盛った土の上でイチゴを育てている（高設栽培）。枝の先のイチゴの実は棚の外側に垂れ下がり、土に触れないため清潔で病気になりにくい。日光もよく浴びることができ、粒が大きく、甘い。収穫はすべて枝つきで行う。手間はかかるが、実に直接触れないので痛まない。農薬も極力控え、生物農薬や土中の病原菌の繁殖を抑える納豆菌などで対応している。イチゴの実は朝日の出る頃にパンパンに膨らむ。昼の間に日光を浴びて葉でつくられた栄養分が夕方から夜にかけ、ゆっくりと実に転流するからだ。一日のうちで一番艶とハリのあるおいしい朝採

りイチゴを、昼からイチゴのビニールハウスの横、地元の産直販売所、百貨店の地下などで販売するようにした。

　次に、地元のレストラン、ケーキ屋、和菓子屋、パン屋への販売も始めた。レストランにはシェフの好みの形、大きさのイチゴを選ぶ。レストランの方は地元の食材を使っているというアピールができる。さらに、力を入れ始めたのがイチゴを使ったスイーツの販売。イチゴの生産は6ヶ月で終わる。一年中収入が得られ、地元の人が夏も働けるようにしたい。そこで着色料の入っていない丸ごと粒々イチゴのカキ氷を開発した。イチゴを使ったソフトクリーム、クレープ、ジュースも開発した。素朴だけどほんまもんの味というのがコンセプトで、親子連れや若い女性に人気がある。

　このように、食品材料の生産者という受け身型の農業者が、消費者や事業者と直結する関係を創り上げ、経営の内容を大きく変えた。かつては集荷場にイチゴを大量に運び込むだけだったが、一粒一粒を大事にお客に提供するようになった。生産者にとって交換価値でしかなかったイチゴは、今や人への「役立ち」という生産物としての本来の性格を回復している。そこでは、生産者にとってイチゴはその優れた品質により自己の能力を確認できるばかりか、消費者の満足を見せてくれることにより「役立ち合う」という人間の共同性的本質を実感させてくれるものになっている。イチゴという商品を媒介にした関係だが、生産者と消費者の間に精神的交流が現れ、売買はそれに包まれたものになり、両者間に希薄化・抽象化していた人間の共同性の復活が見られる。

　②　次も、生産者・消費者の直結による生産者・消費者の精神的共同性の形成例である。

　三重県伊賀市に「モクモク手づくりファーム」というのがある（2010年取材）。このファームの源流は豚肉の輸入自由化に対処する「伊賀豚」の開発にある（1983年）。木酢液を混ぜたえさで育てた豚で、肉の臭いがなく脂分が少ないという差別化商品だった。自分たちのブランドで売るため、小売りに適するようスライスや角切りなどの精肉にし、扱ってくれる地元スー

パーで自ら宣伝した。養豚業者が消費者の反応を知ることができたのはこれが初めてだった。ハムやウインナーソーセージの手づくりも始めた（1987年）。当時、水や添加物で肉を増量させるようなことが行われていたが、異物を加えない、安全で素材のよさを活かしたハムを作った。すぐに売れたわけではないが、消費者に製品の良さを理解してもらい、会員制組織にするなどして販売を拡大した。ウインナーの作り方を教えてという声に応えたウインナーの手づくり体験教室も評判を呼び、製品が知られるようになった。1994年には地域の荒廃農地を活用した米、麦、野菜の生産も始めた。

　このように消費者と直結する事業を行う中で、消費者には農・畜産業をよく知りたいという思いのあることがわかってきた。生産者としても手づくりの場に消費者に来てもらい、情報を共有してほしい。こうしたことから、自然・農業・手づくりをテーマにした「ファーム」を構想（1989年）、1995年オープンにこぎつけた。ここには現在、手づくり工房、レストラン、食品販売所のほか、消費者の出資協力で創った温泉施設まである。1次産業（養豚、農業）を基本に、2次産業（食品加工）、3次産業（レストラン等）も包含した、いわゆる「6次産業」の創出である。来園者は年50万人に達するという。

　「モクモク」も消費者と直接的関係を形成し、消費者の食品に関する真のニーズを汲み取ってきた。それは「心と体と自然にやさしい食品」であり、その提供を彼らの使命としている。そのため、「モクモク」のスタッフは「消費者とは商品でつながっているのではなく考え方でつながっている」、あるいは「商品を売るのではなく考え方を売っている」と言う。生産者と消費者をつなぐ主人公は商品ではなく「考え方」であり、両者の間に食生活に関する精神的交換・精神的共同性が成立し、その結果として商品の提供と受領がある。

　精神的共同性の下にある消費者は、「モクモク」にとって理念推進のパートナーであり、単なる価値実現の手段ではない。消費者からの意見を載せた便りが毎年1万通も来る。「モクモク」からの「ゆうメール」の袋が返信用封筒になるよう工夫されている。「モクモク」の通販カタログは商品を買わ

せるものではなく、コミュニケーション事業と位置づけている。価格を上げなくてはいけない事情も公開する。値上げ反対の意見も載せる。パートナーだから来園者には「いらっしゃいませ」ではなく「こんにちは」とあいさつする。生産者と消費者の間で精神的共同性に根ざした新たなルールが生まれ、人間の共同性的本質の回復が見られる。

　③　もう一例挙げよう。香川県さぬき市の徳武産業（株）は、歩行に不安がある高齢者向けの靴、ケアシューズを製作している。つまずかぬようにつま先を緩いカーブにし、開口部を広げ履きやすくするなど、高齢者のニーズを取り入れた靴になっている。しかも、左右のサイズが違う靴や片方だけの靴も揃えている。なぜ、そんな常識はずれのことを始めたのか。

　あるとき、老人ホームを運営する知人から「高齢者が転ばない靴を作ってほしい」と頼まれた。調べると履物が足にフィットしていないことが転ぶ原因のひとつだった。筋肉の衰えや病気などで左右の足のサイズが違う人も少なくなく、片足を引きずって歩くため、片方の靴だけ痛みが早かったりする。足に合った靴にするには、左右サイズ違いや片足分を揃える必要があった。

　当初、販売は順調とは言えなかったが、やがて購入した人が宣伝塔代わりになってくれ、次々に注文が入るようになった。販売が軌道に乗り始めたところで、社長は利用者の要望がサイズだけでなく多岐にわたっていることに気づいた。「左右の足の長さが違うので、左だけ靴底を低くしてほしい」「右足がむくんでいるので、右だけ横幅を広げてほしい」……。個別に別料金で対応していたが、システム化したほうが効率的と判断。2001年に「パーツオーダーシステム」をスタートさせた。これは靴の品種ごとにパーツを選べるもので、靴底の高さなら5mm単位で、足のサイズなら1.2cm単位でサイズを変えることができる。また、靴のベルトについても長さなどを選べるようにした。それぞれを定番化し、注文書１枚で発注できるようにし、コスト増を抑えながら多様なニーズに合うようにした。

　この企業のホームページには顧客からの感謝のメッセージが載せられている。

脳梗塞の後遺症で足が不自由になった父親が、がんばって毎日散歩に出かけていた。しかし、靴が引っ掛かり、アスファルト道路に顔を打ち付けて血まみれになったり、田んぼに転げ落ち、泥まみれで帰ってきたりすることがあった。母親がこの企業の靴を履かせてからはもう靴が引っ掛からないと言って喜び、亡くなる前日まで散歩を続けることができた——という感謝が寄せられている。

　顧客から返ってくるアンケート葉書は年2万通にもなり、感謝の言葉や意見がびっしり書き込まれたものが多い。これが同社の宝だという。1995年にスタートした累計販売足数は2011年に500万足を達成した（徳武産業については星和, 2012を参照した）。

　ここにも顧客が喜び、それ見て商品の提供者も喜ぶという人間の共同性的本質の復活が見られる。この例は、その基礎にあるのが、顧客1人ひとりの足の状態に合うような、多様な製品の品揃えであることを教えている。大企業が自分のシステムに合せた商品を大量生産し、それに合うように顧客の欲求を操作するのに対し、中小企業は顧客ニーズの多様性に即した、多品種少量の製品を生産できる。この中小企業の特性が製品の「役立ち」による消費者との直接的人間関係を復活させている。この生産者にとっても生存のためには抽象的な価値量は必要だが、それは顧客からの感謝の言葉を「宝」とするような経営の結果として得られるのであり、直接的人間関係に包摂されたものとなっている。

　以上のように、中小企業は人々の相互無関心性と相互手段化が支配している市場経済の中にあって、消費者と直結し、消費者との精神的な交換、すなわち生活価値観の共有や問題解決の喜びを共有する精神的共同性を実現している。そこでは、生身の人間同士の関係が商品交換関係を規定している。消費者は生産者にとって交換価値実現の手段ではなく、満たされていないニーズを持つ具体的な人間であり、生産者の労働能力をその個性において、自分の身体によって（単なる対価の支払いによってだけでなく）確証してくれる

人である。そして、生産者の労働は、この消費者との関係においては最初から社会化された労働である。一方、消費者にとって生産者は自分の個性的な生活を物的、精神的に実現してくれる人である。このように、生産者と消費者の間で製品の「役立ち」を媒介とする相互依存関係＝共同性が復活し、個人は共同性の中に自分を見出している。いわば排他的（私的）個人性ではなく共同的個人性が復活している。生産者と消費者とは商品交換によってつながってはいるが、その交換関係は人間的要求にリードされ、商品交換関係を人間関係が包摂している。これは商品交換関係の基礎上ではあるが、商品・貨幣物神の支配、人間の共同性的本質の手段化への対抗と言える。

5-2-2. 中小企業による疎外への対抗―生産過程の人間化―

独占資本主義の生産機構の下では、労働者は判断能力＝精神的力能を奪われ、労働の疎外が深化する。その一方、中小企業には次のような企業がある。

義農味噌㈱（従業員75人、愛媛県伊予郡松前町、2007年取材）は愛媛県特有の麦みそを作っている。創業は1953年、100年以上の歴史を持つ企業も少なくない業界では新参組だが、売上高では四国一である。この企業の社長室に案内されて最初に目に入ったのが、机の上に大事に置かれていた社員からの社長夫妻に対する表彰状だった。

その概要は、「社長は経営理念の実現に尽力され、種々の製品の開発から販売にいたるまで大きく貢献されました。そして農水省の賞や県知事賞を獲得し、企業のイメージ向上にも貢献されました。これは社長のたゆまぬ努力の賜物であり、社員の模範とするところです。また、取締役（妻）はご家庭を商品開発の研究所として提供され、商品開発に全面的に協力されました。その献身的な働きは社員の模範とするところであります。おふたりの行動は私たちの誇りであり、ここにその栄誉を称え表彰いたします。社員一同」というもので、表彰状の表題は「積小為大」だった。

この表彰状の背後には同社の次のような取り組みがある。この企業は業界では後発組みだったが、先代社長は３年間各地の味噌企業からうまい味噌の作り方を学び、味を作り上げた。自分で食べたくなる製品をモットーに、機

械化・近代化で失われそうになる手作りの味を維持し、市場を拡大していった。味噌製品のバラエティも増やし、ざっと200種類に及んだ。現2代目社長となる息子が製品開発の中心だった。ただ、製品開発に問題もあった。現社長は開発が趣味だったので、次々に新製品を打ち出した。開発しては社員に「売ってこい」。社員は「売れませんでした」と帰ってくる。年に20アイテム開発してもヒットするのはひとつぐらいだった。

　このような独断専行的な行き方がまずいことを、加入していた愛媛中小企業家同友会から教えられ、2002年に全社員参加の商品開発会議を立ち上げた。終業後の5時30分から1回目の会議を開いた。残業代は付かないので、何人来るか心配だったが、10人来てくれた。しかし、社員たちは色々しゃべっているだけで、何ひとつ決まらない。思わず口を出したくなったが、それはいけないとアドバイスされていたので、じっと我慢。決まったのは次回の日程だけだった。だが、やがてこの会議が機能し始めた。

　現社長が宮崎県の冷汁のようなものを開発したらどうかと提案した。それに対し、ある社員が、それならば、同じ味噌仕立てでも薩摩汁のほうがよい。自分のおばあちゃんが作っている。もともと愛媛県の中予、南予地域の名物料理だったが、わずらわしいため家庭で作ることが少なくなっていた。ということは製品化の可能性があるということだ。おばあちゃんに作ってもらったものを食べて、これで行こうということなり、2年かけて商品化した。

　かつて、年間20の新製品を企画していたが、現在では2つになった。しかし、企画したものはすべてヒットしている。

　社長夫妻に対する表彰状は、このような製品開発活動をバックにしている。この表彰状からわかるのは、社員が社長夫妻を製品開発という共通目的を達成するためのパートナーと見ていることである。パートナー関係になるのは、製品開発に関する情報を交換し、社員も社長も同じ情報を持って活動しているからである。私的所有権を別にすると、権限の最大の源は情報の独占である。そのため、情報が共有されると人の間で支配・従属という関係は後退し、対等なパートナー関係に近づく。

この企業では、半年ごとに開く経営計画会議にも全社員が参加するように、開発活動だけでなく、情報共有が全経営の柱になっている。日本の中小企業経営者の間で「ガラス張り経営」という言葉が定着しているように、情報共有を組織運営の柱にしている企業は珍しくはない。例えば、企業の重要事項は毎年2回の全員泊まり込み会議で決定する企業、経営理念・最高経営戦略・部門別計画・決算内容・従業員個々のアクションプランを手帳型の事業計画書にまとめ、従業員が常時携帯している企業などがある。以上は、通常は経営幹部が占有している情報（上部情報）を一般従業員も共有する例だが、こういう企業はそれだけでなく、一般従業員が持っている情報を経営幹部が共有する仕組み、従業員同士が情報を水平的に共有する仕組みも意図的に築いていることが多い。つまり、情報共有のループが縦、横に張られているのである（詳しくは黒瀬，2012：第Ⅰ部第2章）。
　しかし、ここでは特に上部情報の従業員による共有が重要である。これは資本家と労働者の関係をパートナー関係に近づけるが、それは資本の下への労働者の実質的包摂を犠牲にするものではなく、包摂のひとつのあり方なのである。中小企業は機械を道具的に使用する機械制小工業が多いから、大企業のように労働者を機械に付属化することにより労働指揮権を獲得することはできない。この資本家の指揮権限の不足を補うのがかつては家父長制的関係であり、日本では経営家族主義と呼ばれるものだった。しかし、高度成長期における労働力不足、民主主義の一定の発展を背景に家父長制的関係は崩壊していく。それに代わったのが、「中小企業における労使関係の見解」（→32頁）を発表した中小企業家同友会のような、民主主義的な観念を持ち、「人間尊重経営」を重視する中小企業経営者による情報共有的組織運営である。これは経営理念、経営戦略を労働者と共有し、労働者の共感を勝ち取ることにより労働者を活性化させる。労働者の主体性を活かしつつ労働を企業と一体化させる。いわば、労働の資本への自立的包摂と言える。
　労働を自立的に包摂するからと言って、資本制的取得法則＝「不払い労働による不払い労働の取得」という法則が影響を受けるわけではない。しかし、

その法則の枠内ではあるが、一定程度、労働の尊厳が回復されている。すなわち、情報を共有し、自己の労働の意味に納得した労働者においては、「資本家の下での強制された労働」「自分のものでありながら自分に敵対する労働」「欲求充足のために我慢しなくてはならない労働」——こういう疎外された労働が緩和され、生産行為における主体的な労働、労働それ自体に意味を求められる労働という側面が復活する。義農味噌で働く労働者たちの社長夫妻への表彰状はそれを示すものである。これは、資本制的取得法則の枠内ではあるが、中小企業による生産過程の人間化と言えるだろう。

5-2-3. 人間化とは人間的合理性の侵入

以上のように中小企業には市場経済を人間化する機能があるが、ここで「人間化」の意味を考えたい。市場は商品と貨幣が運動するところで、抽象的な価値が支配している場である。商品交換は商品価値の実現として、企業は価値増殖体として意味を持つ。この抽象的な価値が支配する世界は、人間から離れた一個の客体として合理性を持って存在している。その合理性には人間性は含まれず、人間性の喪失した客体的合理性である。人間的合理性とは人間の本性にとっての合理性である。市場経済の人間化とは、市場経済の客体的合理性の中に人間的合理性が侵入することである。客体的合理性を人間的合理性に置き換えることはできないが、部分的に人間的合理性を確保するのであり、これが中小企業による市場経済の「人間化」なのである（客体的合理性、人間的合理性については平田（1969）から学んだ。同書：pp.262-264，286。なお、平田はここで言う客体的合理性を対象的合理性と呼んでいる）。

5-2-4. 中小企業が市場経済の人間化をもたらす要因

中小企業には市場経済を人間化する機能がある。では、なぜ中小企業がこの機能を持ちうるのか、その要因を整理する。

第1の要因は、中小企業の経営主体の自然人性である。中小企業が市場競争に生き残るには、商品を抽象的な価値量＝貨幣に転化し、しかもその価値量を絶えず増加させなくてはならない。中小企業家は競争の強制により、価

値増殖体としての客体的合理性の担い手＝人格化された資本となる。だが、中小企業家が個性を持つ具体的な自然人であることをやめたわけではない。自己の固有能力の発揮とそれの社会への「役立ち」に喜びを覚える人間性は失っていない。この中小企業家の二重性が抽象的な価値量の増加を強制されつつも、顧客との精神的共同性の構築＝商品交換の人間関係による包摂という人間合理的な行動を引き起こす。

　また、競争は中小企業に生産過程での労働者の不払い労働の収取を強めさせ、そのため、労働の資本への包摂を徹底させる。だが、中小企業家は、人が自分の労働に満足するのを見て自分も満足するという人間性を失ったわけではない。実際、働き甲斐のある職場を構築し、我が社で働いていることを、本人も家族も誇りにするような企業にしたいとする中小企業家は少なくない。この思いが生産過程に労働の尊厳という人間的合理性を侵入させるのである。

　このように、中小企業家の人間としての思いが、経営に人間的合理性を侵入させる動力となる。大企業の最高経営責任者ももちろん自然人だが、中小企業経営者のように人間的合理性を経営に持ち込むのは極めて困難である。中小企業経営者は資本所有者であるがゆえに集中した権限を持ち、組織も小さいから、人間的本性に根ざすその意思を企業に徹底しやすい（資本所有者であることが企業の非資本家的行動を可能にするという逆説）。一方、大企業経営者は株主への一定程度の配当率と株価の維持が義務づけられ、それに貢献しない行動をとれば、企業管理への参加が形骸化している分散株主でさえ、反対に立ち上がるだろう。また、大規模な経営管理組織の合意形成も厄介である。経営主体の自然人性による人間的合理性の導入は中小企業だから可能なのである。

　だが、自然人として人間的合理性を導入したくとも、それが中小企業の価値増殖体としての客体的合理性（以下、経営合理性）を損ない、市場における存在を危うくするならば、導入不可能である。

　そこで、第２の要因として挙げられるのが、中小企業における経営合理性

は人間的合理性と親和性があることである。

　これは中小企業の従属的地位と生産様式に起因する。中小企業は寡占大企業からの圧力を受け、中小企業相互の激しい競争に追いやられている。中小企業がこの状況下で経営を維持・発展させるには、狭くとも参入困難な市場を構築し、価格形成力を付けるしかない。その手段が顧客との情報共有の濃密化により、個々の顧客ニーズに即した製品を提供し、顧客との精神的共同性で守られた市場を構築することである。これを行う上で、中小企業の生産様式が好都合となる。設備・組織が巨大化し、それに人が付属している大企業には個々の顧客の顔を見た事業は不可能で、抽象的な価値量を目的とせざるをえない。それに対し、機械を道具的に使う機械制小工業の中小企業では、人が設備・組織を支配し、個々の顧客ニーズに柔軟に対応した使用価値を提供できるからである。

　また、従属的な地位にある中小企業は、大企業に資金や人材を優先吸収され、経営資源の不足に陥っている。そのため、労働者との情報共有を進めることにより、労働の自律性を高め、今いる労働者の能力を最大限引き出さなくてはならない。これは労働者にとり労働の尊厳の回復である。これについても機械制小工業という中小企業の生産様式が好都合となる。中小企業では規模が小さいため経営者と労働者、労働者同士が身体的に近接し、また、組織が単純で内部障壁が低いから精神的にも近接し、企業内の情報共有が容易だからである（詳しくは黒瀬，2012：第Ⅰ部第2章）。

　以上のように、中小企業の従属的な地位とその生産様式に基づく経営合理性の追求は、中小企業に人間的合理性を侵入させる。

　中小企業経営主体の自然人性が人間的合理性を侵入させるという第1の要因は、中小企業の市場経済人間化作用の動力因であり、中小企業の経営合理性と人間的合理性は親和性があるという第2の要因は、中小企業への人間的合理性導入が中小企業の市場での存在を強化するということだから、中小企業の市場人間化作用を可能にする要因と言える。

以上、中小企業による市場経済の民主化と人間化について述べて来た。中小企業の経済民主化の力は社会力学的に決して強いものでなく、人間化についても、それが成功しても市場の一部での出来事にとどまる。ただ、そうだとしても、この中小企業の市場経済の問題性への対抗力を認識することは、市場経済の健全化を追求する上で不可欠である。

(注)
1)「第1次市民革命」「第2次市民革命」については内田弘(2013)を参照されたい。
2) 大塚久雄はロバート・オウエンの自叙伝から、オウエンたちがマンチェスターからグラスゴウに行くのに馬車で3日2晩かかったと言っているのを紹介している（大塚, 1951：pp.5-6)。産業革命が始まっている18世紀末でもこの状況だった。
3) 田中正司は「スミスはこれまで経済学者の間で一般的に考えられていたような利己心や目的—手段の適合の効率性を経済行動の原理にしていたのではなく、効用が経済活動の動因であるとはしていない。……実際にはスミスは最近の多くの研究が指摘するように、経済活動を功利計算に還元する経済学者の思想を事実上否定していたのであり、経済活動の根本原理を同感原理によって基礎づけていたのである」とする（田中, 2009：p.29）。田中が、スミスは利己心を経済行動の原理とはしていなかったという場合の利己心とは、"むき出しの利己心"を指すのだろう。スミスは、同感原理に基づく抑制された利己心、すなわち「正義」に適合する利己心が経済行動の原理になるべきであり、なるはずだと言っているのである。このように理解した上で、田中のこの指摘は、正鵠を射ており、「金を儲けて何が悪い」とうそぶく企業家がもてはやされる今日の新自由主義的風潮を鋭く批判するものである。

(参照文献)
宇田川勝（2006）「鮎川義介　回想と抱負」(稿本、5)『経営志林第43巻1号』
内田弘（2013）「東アジアにおける市民社会の形成—経済学的視点から—」(内藤

光博編『東アジアにおける市民社会の形成』専修大学出版局）

内田義彦（1962）『経済学の生誕　増補』未来社

大塚久雄（1951）『近代資本主義の系譜上』弘文堂

姜紅祥（2012）「リーマン・ショック以降の温州民間信用危機に関する一考察―温州中小企業の経営環境を中心に―」中国経営管理学会2012年度秋季研究大会報告論文

姜紅祥、辻田素子、西口敏宏（2013）「リーマン・ショック以降の温州中小企業と温州民間信用危機―結束型ソーシャル・キャピタルに内在する負の効果」日本中小企業学会第33全国大会報告用準備稿

ガルブレイス、J.K.（1972）都留重人監訳『新しい産業国家』河出書房新社

北原勇（1984）『現代資本主義における所有と決定』岩波書店

木下武男他（2011）『建設独占を揺るがした139日』変革のアソシエ

国吉昌晴（2003）「「金融アセスメント法」制定運動の軌跡―中間的総括試論―」（『企業環境年報　第8号』中小企業家同友会全国協議会企業環境研究センター）

黒瀬直宏（2006）『中小企業政策』日本経済評論社

黒瀬直宏（2012）『複眼的中小企業論―中小企業は発展性と問題性の統一物』同友館

黒瀬直宏（2013）「市民社会における中小企業の役割―日本の場合」（内藤光博編『東アジアにおける市民社会の形成―人権、平和、共生―』専修大学出版局）

スミス、A.（2003上）水田洋訳『道徳感情論（上）』岩波書店

スミス、A.（2003下）水田洋訳『道徳感情論（下）』岩波書店

スミス、A.（2005）水田洋訳『法学講義』岩波書店

スミス、A.（2007上）山岡洋一訳『国富論　上』日本経済出版社

スミス、A.（2007下）山岡洋一訳『国富論　下』日本経済出版社

星和ビジネスサポート発行（2012）『経営情報』2012年5月号

武建一（2010）「生コン産業の労働者と中小企業の闘い」『月刊日本の進路』No.218

田中正司（2009）『アダム・スミスと現代　増補版』お茶の水書房

中小企業家同友会全国協議会30年史編纂委員会（1999）『中同協30年史』中小企業家同友会全国協議会

中小企業組合総合研究所（2013）『関西生コン産業60年の歩み　1953〜2013——大企業との対等取引をめざして協同組合と労働組合の挑戦』社会評論社
中岡哲郎（1971）『工場の哲学』平凡社
平田清明（1969）『市民社会と社会主義』岩波書店
マルクス、K.（1964）城塚登・田中吉六訳『経済学・哲学草稿』岩波書店
水田洋（1968）『アダム・スミス研究』未来社
安田浩一（2005）『告発！逮捕劇の深層　生コン中小企業運動の新たな挑戦』アットワークス

第2章

今日の経済社会と
小企業・家族経営の意義

三井 逸友

1. はじめに——問題の所在

　2013年、「小規模企業活性化法」が国会で可決成立し、これにより中小企業基本法など一連の法が改定された。あとで詳しく検討するように、その狙いは中小企業のうちでも小規模企業により焦点を当てた政策を推進することにあり、これは自民党政権復活のもとでも、2010年「中小企業憲章」制定からの流れを基本的に継承しているものと言える。「中小企業憲章」では中小企業の普遍的な存在の意義を理念的に示すとともに、特に小規模企業と家族経営に言及した。そして小規模企業活性化法は、これに対する政策対応を中小企業政策のなかでの重要な柱と位置づけた。他方で小企業・マイクロ企業・自営業・家族経営重視の傾向は、世界的にも共通のものとなっている。ILO決議、EUの中小企業政策、韓国やインド等の動きなどがこれを示している。もっとも後に詳しく見るように、これらの理念や対象の位置づけ、概念規定と定義方法などには微妙な違いも確認できる。

　本章では過去の諸議論などを踏まえ、こうした、小企業・家族経営・自営業と括ることのできる存在の理解、性格や役割規定、さらにはその現状と問題性を指摘し、普遍的な可能性をどのように位置づけられるのか、今日の時

点で指摘するものである[1]。その際に、「中小企業」一般とこれらとの異同性、独自の性格とその今日性、今後のありようというものが主要な論点となろう。そして、近代資本主義経済の出発点であり、またその発展に一見逆行するかのような、これら小企業・家族経営の積極的な存在意義を明示し、近代社会自体の再構築を射程に入れ、新たな論点を提示するものである。

2. 小企業への再評価機運

2-1. 日本での近年の動向——「中小企業憲章」「ちいさな企業未来会議」「小規模企業活性化法」

2-1-1. 民主党政権と「ちいさな企業未来会議」

　日本では、前記のように民主党政権下での2010年「中小企業憲章」制定を経て、また2011年大震災と原発危機という困難に瀕する中、政府経済産業省は「ちいさな企業」への対策強化という方向を打ち出した。

　「中小企業憲章」は「基本理念」で、「小規模企業の多くは家族経営形態を採り、地域社会の安定をもたらす」と明記し、「基本原則」でも「家族経営の持つ意義への意識を強め、また、事業承継を円滑化する」としている[2]。これを踏まえ、2011年末に出された中小企業政策審議会企業力強化部会の報告では、小規模企業に配慮した政策を求め、「まちづくりと一体的な中小商業政策・小規模企業政策」を特に掲げた。これは一方ではまちづくり・商業問題対応を求めるものだが、他方また小規模企業者の特性に見合う支援の強化を主張している。「小規模企業者の中でも、あくまで地域社会に密着した事業活動を旨とする者もいれば、さらなる事業拡大を図っている者もいる。さらに、活用できる施策、必要な支援が得られれば、事業拡大を志向したいという者も存在すると考えられる。いずれの小規模事業者についても、現在の競争環境の厳しさに鑑みれば、各々の志向・特性に応じた戦略的経営力を高める必要があり、そのための支援機関（商工会や商工会議所、地域金

融機関など）などによるきめ細やかな支援が重要である。また、中小企業施策が小規模事業者に対して実効性のある施策とするためにも、きめ細やかな支援が重要である」[3]。

　こうした流れのもと、一方では中小企業支援策の見直しと推進が図られた。他方では枝野経産相（当時）のイニシアチブで、新たに「ちいさな企業未来会議」が設置され、商工会議所・商工会を軸に小規模企業経営者らを招き、2012年3月より全国で会議を開催し、6月に「取りまとめ」を出した。詳しくは本章後段で検討するが、小規模層経営の困難と施策利用の難しさが指摘されている一方で、小規模企業に利用しやすい施策を求めている。

　この「未来会議」報告および中政審部会報告とが、2012年度における中小企業政策の新たな方向を位置づけるものとなった。企業力強化部会での議論においては、ひとつにはこの間「失われた20年」での中小企業経営の困難の増大、とりわけ金融問題の深刻化状況を踏まえ、2008年リーマンショックと2011年大震災を受けての「中小企業金融円滑化法」の制定と期限延長を見据え、2013年円滑化法期限切れ以降での、経営安定化をいかに図るかという課題を強く意識した。

　そのひとつの方向性は、中小企業の国際化対応を積極的に支援することである。そのための資金面を含む施策強化を明示している。いまひとつが、国際化対応等を含め、中小企業に対する支援機関や人材の専門性実践性の抜本的な強化を図ることである。「既存の経営支援機関や中小企業診断士が、中小・小規模企業を巡る経営課題が複雑化・高度化・専門化する中で、必ずしも、専門性を発揮しつつ、適切な経営支援機能を発揮することができていない」状況を指摘し、特に小規模企業への個別支援が重要なのに、組織・機関や人材が十分ではないことを問題としている[4]。

　この中政審部会報告に基づいて制定された中小企業経営力強化支援法（2012年）は、「支援事業の担い手の多様化・活性化」として、既存の機関や人材に新たな認定制度を課し、経営状況の分析や有効な事業計画策定、またこれらを生かした資金調達を可能にすることを目指している。その意味

では、「マル経融資制度」などを通じて地域の小規模企業への経営指導に当たってきた商工会議所・商工会の支援力も問い直されているのであり、また1993年制定の「小規模事業者支援法」の前提・枠組みも揺らいでいる面を否定できない。つまり、小規模企業への関心と施策強化は、同時に従来の政策の枠組みと担い手の見直しも伴っているのである。

2-1-2. 総仕上げとしての「小規模企業活性化法」の制定

　しかし、こうした新たな施策動向を継承したのは2012年末総選挙で勝利し、政権復帰した自公連立の第2次安倍内閣であった。安倍政権はかつてない規模での金融緩和とインフレ誘導という策を進め、他方で「三本の矢」と称する経済政策と戦略を大々的に打ち出したが、中小企業政策に関しては従来の方向性を基本的に継承するものとなった。

　2013年2月、茂木経産相のもとで「未来会議」は「ちいさな企業成長本部」に「格上げ」され、再び各地での会合を重ねるとともに、6月には「行動計画」を提示した[5]。この行動計画自体、民主党政権下での小規模企業政策とは微妙なずれがあるが、安倍内閣は2013年4月に「小規模企業活性化法案」を国会提出、可決成立を見た。これは「中小企業基本法」の改正を含む10本の法律の改正をはかるもので、「小規模企業に焦点を当てた中小企業政策の再構築を図り、小規模企業の意義を踏まえつつ、その事業活動の活性化を図るための施策を集中して講じる」ためと位置づけられている。「基本法」においては、従前から「小規模企業」の定義を含むものであったので、この点は変わっていない[6]。新たには、法第3条、第8条を加筆修正し、小規模企業の存在意義とこれに対する支援の重要性を明記し、特に地域における持続の意義と住民の生活向上等への役割に向けた適切な経営資源確保、地域の多様な主体との連携推進、将来の経済社会発展に向けた小規模企業成長発展への環境整備を明文化している。旧基本法での、金融・税制などを含めた「経営資源確保が困難である小規模企業」への配慮は継承され、「情報提供」が加わっている（この点は新たに第17条で、中小企業全般の情報通信技術活用としても加えられた）。さらに第13条では、創業促進に関し「女性や青年

による創業」を書き加えたのも特徴的である[7]。

　これとともに、小規模企業への支援重視を具体化するかたちで、信用保険法、小規模企業共済法、小規模企業支援法、下請中小企業振興法などが改正された。一方で「利用が非常に減っている」との理由で小規模企業設備導入資金法が廃止され、またマル経融資制度も見直しの対象となっている。

　こうした一連の動きは、一面では「中小企業憲章」が示した理念と課題を法制と施策の中で具体化するものと言え、実際に中小企業庁もそのように説明している。ただ、もちろん「憲章」の理念がすべて新たな政策に盛り込まれたとも言えず、特に安倍内閣のもとでは上記のように、「成長戦略」への傾斜、新陳代謝促進が、他方また「公正取引」推進や地域商業存続などへの軽視が伺えるところである。

2-2. 自営業・マイクロ企業・家族経営に向かう世界の関心

　近年の世界的な政策動向の中で、小企業・自営業の今日的意義を示したのがILO国際労働機構の1990年総会「自営業の促進に関する決議」(Resolution concerning self-employment promotion)である[8]。ここではあらゆるかたちの中小企業を経営形態や所有にかかわりなく促進すべきものと位置づけ、「自営業の個人」の発展とインフォーマルセクターの企業家の発展を特に重視している。もちろん、それはとりわけ、発展途上経済での雇用就業機会の拡大、また自営業等を通じての職業教育、職業訓練の推進を重視する見地からのものである。また他方で、多様な存在としての中小企業が社会進歩の担い手であり、こうした見地からの政策を各国政府や関係方面に求めるものとなっている。そして自営業に対する偏見の除去、国際労働基準に基づく自営業者への社会的保護、自営業者の結社の自由を提起しているのである[9]。

　一方で特徴的なことは、近年多くの国等が中小企業の定義自体のうちに、「マイクロ企業」を区分し、「中」(small)「小」(medium)「マイクロ」(micro)という三段構えの位置づけを行うようになっている傾向である。このことは当然、「中小」企業一般に対して独自の性格が濃い「マイクロ」ないし「小

規模」企業の特質と、これに対する政策等の必要性を強く意識するものである。EU 欧州連合にあっては、統合の進展に伴う中小企業（SME）の公式定義を1996年に採択、「従業員数250人未満、年間売上高4,000万ユーロないしは年次バランスシート2,700万ユーロ以下で、他の一つないし複数の大企業に資本または経営権の25％以上を保有されていない企業」[10] としたが、同時に「中」「小」「マイクロ」の区分を示し、従業員数10人未満の企業を「マイクロ企業」とした。そして EU への加盟国拡大に伴い、この定義を2005年に見直し、中小企業の上限区分を引き上げる一方で、「中」「小」「マイクロ」の区分を正式な定義に盛り込み、「従業員数10人未満、年間売上高200万ユーロ以下、年次バランスシート200万ユーロ以下」を「マイクロ企業」（micro enterprise）と明示したのである[11]。EU の2000年「小企業憲章」は、まさに「小」企業に焦点を当てるという特徴を有したが、その具体化としての2008年「SBA 小企業議定書」においては、前文で、「クラフト、マイクロ企業、家族所有、あるいは社会的企業を含めた」中小企業（SME）と言及し、さらに第1項では「企業家と家族経営（Family Business）が繁栄し、企業家精神が報われる環境を築く」と明記し、家族経営重視の姿勢を示したことも特徴的である。

　これに基づき、EU は近年「家族経営」への政策的対応を具体的に進め、欧州全体として、家族経営の立場を代表する団体の活動も目立ってきている[12]。詳しくはのちに取り上げる。

　「マイクロ企業」の定義づけは多くの国々に広がっている。それには、農村での就業機会拡大などを目指す「マイクロファイナンス」の事業活動もかかわってくる（岡本ほか, 1999）。インドは2006年の「マイクロ・中小企業発展法」で1951年産業法以来の小規模産業奨励政策を軌道修正し、「中」「小」「マイクロ」の三段構えの定義を明文化し、さらには担当省を MSME（Ministry of Micro, Small and Medium Enterprise）と改称した。ここでのマイクロ企業は、製造業等では設備投資額250万ルピー（約4万米ドル・400万円）以下、サービス業では100万ルピー（約1万米ドル・100万円）以

下とされている。中小企業の上限が1億ルピーないし5,000万ルピー以下であるので、かなり小規模の位置づけである。マレーシアも2009年の新定義で「中」「小」「マイクロ」の3区分とし、製造業等では年間売上高25万マレーシアドル（約8万米ドル・約800万円）以下または常用従業員数5人未満をマイクロ企業と定義している[13]。フィリピンのSMEDEC中小企業開発委員会は従来から、「中」「小」「マイクロ」企業を定義し、マイクロ企業は年間売上高150万ペソ（約340万円）以下とされている[14]。

韓国は、1997年の「小企業支援特別措置法」を、2000年には「小企業および小商工人支援のための特別措置法」に改定した[15]。ここでの「小企業」は「基本法」第2条に基づき、製造業等での常時従業員数が50人以下の企業を指すが、「小商工人」はこのうち常時勤労者が10人未満と定義される（韓国政府中小企業庁の英文訳では、小商工人はmicro enterpriseであるが、self-employed peopleとの表現もある）。2003年に政権についた盧武鉉大統領の下では、これら小商工人に対する政策が重視され、2006年「小企業・小商工人支援特別措置法施行令」で、小商工人の定義を具体化し、鉱業・製造業・建設業では常時勤労者数10人未満、それ以外は5人未満とし、小企業支援計画の樹立、製造業事業所設置の特例化、金融支援の検討などを定めた。また小商工人振興院（SEDA）が新たに設置され、小規模事業者の経営安定支援、競争力向上、ネットワーク構築、中小流通業の活性化などに当たるものとされた。これらの動きには、全般的な中小企業の「停滞」と格差拡大状況への対処とともに、2006年「在来市場および商店街育成特別法」など、大型店の拡大と「伝統市場」の衰退傾向に対する政策も絡んでいる[16]。小商工人重視はハンナラ党李明博政権にも継承され、2010年に出された流通産業発展法改正、2011年の小商工人振興院のもとでの各地支援センター設置などに示されている[17]。

中国も、2002年中小企業促進法とこれに基づく「中小企業区分通達」を2011年に改定、工業・情報化部と統計局、国家発展改革委員会、財政部連名の「中小企業類型区分の基準に関する規定」を公布し、この中で新たに超

小企業（微型企業、つまり micro enterprise）という基準を加えた。超小企業の条件は、農業や林業、牧畜業、漁業の場合、営業収入が50万元以下、工業の場合、従業員が20人以下あるいは営業収入が300万元以下、ソフト・情報技術サービス業の場合、従業員が10人以下あるいは営業収入が50万元以下、不動産業の場合、営業収入が100万元以下あるいは資産総額が2,000万元以下とされる[18]。「中小」企業の上限が概して従業員数1,000人以下であるから、この基準でも相当に小規模となる[19]。

「小企業」「マイクロ企業」「小規模企業」「自営業」「家族経営」、これらの表現と対象はそれぞれ異なる意味合いを持ち、また異なる関心と研究、議論の対象でもある。しかしまた、圧倒的多数は重なり合うものであることも間違いない。このように、いまや世界の趨勢として、「中小企業」全般の存在を重視し、その問題解決に取り組むのみならず、小企業全般の独自の性格と課題を取り上げる傾向にある。

3. 中小企業と小企業、マイクロ企業、自営業、家族経営をめぐる諸論

アメリカの J.D.Philips は1958年に「アメリカにおける零細企業」（Little Business in American Economy）の書を表した。その冒頭には、「small business の語は、実際には中規模企業の意味に解され論じられている」という、Carl Shoup 氏（かの「シャウプ勧告」の主）の序文が寄せられている。米国の中小企業政策は「small business」への政策であり、small business という用語が法的にも社会的にも定着し、むしろ SME という語が広まらないアメリカにあって、このような解釈になるのである。だから Philips 自身はこの書で、small business の一般的な位置づけと統計的実態などを検討するとともに、1961年の RFC 報告が「very small business」に特に注目していることなどを手がかりに、業主労働中心、家計稼得第一といった small business の語の与えるイメージはむしろ little firms /business であることを

重視する。

　こうした問題意識は、以来半世紀で世界に相当広く共有されている。中小規模企業の圧倒的多数はこうした小企業で占められるのがいずれの国でも現実なのであり、そこにまた大きなジレンマもある。多くの国々は、中小企業の成長と産業競争力に期待を寄せ、政策支援を図るが、実際には施策を求めるのは存在自体を守ろうとする小企業・自営業層であり、容易にかみ合わない[20]。すでに確認したように、これは単なるすれ違いや矛盾にとどまらず、雇用就業機会の拡大を大きな目標とし、ひいては多くの人々の社会参加や社会的課題解決、さらにはマイクロ企業全般を普遍的な存在ととらえ直すことが世界的に必要になってきたのである。しかもこうした企業層は大半が、特定家族の就業と生活と表裏一体的であり、また家族的構成が経営のあり方にさまざまな意味で直接影響を与えているのである。

　先に指摘した、ILOにおける「転換」から触発された国際比較研究である、ILO国際労働研究所の『小企業の再興』（Sengenberger et al., 1990）は、明確なかたちでは意識していないが、社会経済再構築のもとでの「小規模の」企業への世界的なシフトトレンドを指摘している。例えば、M.Piore は米国での古典的産業ハイテク産業いずれでも進む小規模化、それらの緩やかなつながりの効率性を確認し、D.Marsden は英国での自営業の再興を確認する。他方また G.Becattini はイタリア産地での「集積」の変化と新たな構造のもとでの、分裂と分散化および企業家精神再興によって、小規模企業同士の関係性と効率性が強化されているとする。同時にそれには「自己搾取」の側面もあると付言している。

　雇用問題にからんで「中小企業」全般への関心再興が特徴的な[21]、80年代以降の英国の学会等にあって、1997年には中小企業研究のレビュー及びリーディングスが政府の支援も得て編纂され、英国や英語文献での研究動向を整理した（SBRT, 1997）。ここでは「家族経営」といった項目はないものの、起業研究に関連して「企業家的人格」「企業家のタイプ」「自営業主の社会的起源及び背景としての『起業への道』」「企業家的行動における地域

的民族的差異」を取り上げ、さらに「政策戦略としての『起業文化』」「女性企業」「柔軟な労働力」といった項目も存在する[22]。そのまた10年後、中小企業と企業家精神研究のリーディングスとして編纂されたBlackburn & Brush（2008）では、第3部「企業家人口」の第7章に「家族経営」を置き、数編の論文を収めている。家族を基盤として形成される企業の特性とその制約や可能性、変遷、また資源依存視点からの家族経営の戦略的発展方向、家族自身の及ぼす経営への波及効果といった論点の各論文が取り上げられている。そして今日では、マイクロ企業や家族経営への関心、実態の研究や理論化の試みは、創業企業家の研究と並んで、世界でのメジャーな存在になっている[23]。

　日本においては「日本の中小企業問題特殊性」論[24] の影響が、とりわけ「零細企業問題」ないしはその「存立条件」の観点として強固なものであった。山中（1948）、日本学術振興会中小企業委員会（1963）などにその様相を見ることができる。また、経済学や社会学を含む「階層論」にあっても、「最下層」としての生業的零細経営・自営業層の「残存」ないしは「再生産」「分解」に関心が行きがちであった[25]。このような問題意識なり視点なりが半世紀の間にどう変わってきたのかが重要である[26]。

　こうした流れを総括するには、4次にわたる『日本の中小企業研究』のレビューが活用できる。その第1次版では、三井の執筆により「零細企業」の題での総括が載せられた（中小企業事業団中小企業研究所，1984）。ここでは、過去半世紀の間での「小零細層」研究の展開を踏まえ、研究対象の独自にして根強い存在が改めて確認されるとともに、主な研究の課題・論点として、「概念・性格規定」「存立分野や成長可能性」「存立条件の内的外的解明」「新生増加のメカニズム把握」が整理される。特徴的には、細分化された分業を基礎とした「地域性・集団性」の強さ[27]、また70年代以降主張される「都市型新規開業・ベンチャービジネス」としての小企業群と「生業的零細層」という対照的な実態認識の導く論点を挙げる。こうしたことから「今後の研究課題」として、「技能・分業関係・就業・生活の結びつき方・活力性」を

観点とする「存在の今日性合理性と位置づけ」論、零細企業の「企業行動」論、小零細層の「問題性」の有する「多面的側面」の把握、他方での企業経営と生活・労働・社会、ひいては「生活の質」と零細層の存在意義・役割を見るべきことを指摘する[28]。

『日本の中小企業研究』80年代版では、やはり三井が「零細企業」を執筆した（中小企業事業団中小企業研究所，1992）。80年代には、一方では労働と生活問題、長時間労働の問題、「営業費」増による売上高営業利益率低下、廃業傾向などが取り上げられるが、他方では技術革新と ME 化が小企業にもおよび、技能・技術変化をもたらしている。これに対応する大都市零細工業の革新と積極存在意義が指摘される一方、立地環境変化や地方地場産業産地などの衰退が指摘される。また、小零細層の「最下層」にあると見られてきた「家内労働」に対し、「在宅就業」やテレワークとしての積極評価も生じているとする。これらを踏まえ、「中小企業問題」と「零細企業問題」の異同性、先進社会での「自営業」「家族経営」の役割評価の必要、「開業」「廃業」実態の研究を求めている。

『日本の中小企業研究』90年代版では岡室博之氏が「零細企業・小規模企業」を執筆した（中小企業総合研究機構，2003）。この呼称からも「零細」観への疑問が生じている。そして、これらの存在に対しても問題性論と積極評価論の両方が主張され、工業集積における機能、零細小売業の存立条件など、存立のタイプ別の研究が進められている状況を指摘する。他方でいまや顕著となった新開業の減少、自営業者数の減少を前に、それらの生活実態を含めて労働経済学的アプローチからの実証研究が活発であるとする。その意味で、生産性を含む存立基盤・条件の十分な実証分析や参入と退出の実証分析、さらに SOHO や FC 店などの新タイプの研究が望まれるとしている。

『日本の中小企業研究』2000年代版では高橋徳行氏が執筆し、ここでは呼称も「小企業」と変更された（中小企業総合研究機構，2013）。主要な研究動向としては小企業の経済社会的役割研究、自営業・SOHO などの経営形態研究、特定分野での小企業の役割や課題が関心を集めてきている。他方で、

情報化や信用リスク管理強化、創業と事業継承、小企業全般のダイナミクスなどにも研究が及んでいる。その中で、単に収益性成長性や収入の高低では測り得ない小企業の「非経済的価値」や女性経営者の独自の存在への注目などが特徴的である。今後は独自の存在意義・質的相違に注目する世界的な「マイクロビジネス」研究との連携や議論の必要が大とする。

このような研究の流れの上で、近年の日本にあって、一方で小企業・自営業への再評価機運を築いているのが『自営業再考』（国民生活金融公庫, 2004）および、『マイクロビジネスの経済分析』（三谷ほか, 2002）の2著であろう。前者では、世界の動向を踏まえ、新事業の意義とともに就業機会の確保、また能力発揮や仕事満足度の高さといった視点から、自営業（基本的には「雇用なし事業主」）を再評価すべきものと主張する。後者では、「マイクロビジネス」（零細企業・自営業といった規模の最も小さい中小企業と位置づけ）に関する統計データや実態調査の計量分析を行い、これらの動学的な傾向をつかみ、特に新しい企業形成、また高齢者や女性の開業機会としての起業実態とその特徴を指摘している。同様に、マイクロ企業による雇用機会創出や企業成長性に注目している。

こうした小企業の普遍的評価の視点を早くに示したのは太田（1982）であった。太田一郎氏は「人間の顔をした小企業」という表現で、小企業が「生業的経営」である事実に着目し、雇用吸収や経済活動の苗床であるにとどまらず、地域社会の人間生活に密着し、生活の質の向上という文化的役割も担うとする。そしてPhilipsの説を念頭に置きながらも、産業構造高度化やサービス経済化が、社会的分業の広まりを通じ、「人間の顔を持つ」小企業の存立とその社会的存在意義を発揮させるようになっていると指摘する[29]。

太田氏の主張はあまりに理念化理想化された論でもあり、現実の小企業の困難や制約を見過ごしている観もある。他方で、中山金治氏は日本資本主義における「過剰」と「危機」の中小零細企業へのしわ寄せに言及し、「日本特殊論」を引きずりながらも、小零細企業と自営業主の今日性「近代性」と地域社会との一体性を強調し、規模経済第一の発想を批判した。そして、「零

細企業層の再生産」の条件として、「家族協働による長時間労働」「兼業性」「消費生活直結での市場の多様化分散化」を指摘し、その存在の一見非合理的な「雑草のような根強さ」と高い勤労意欲、技能水準を強調し、安定的合理的な発展と自立化、経営継承を進めるべきものとした（中山, 1976, 1983）。

このように、日本においては「存立形態」「分業と企業間関係」「生業性」の視点を伝統的に重視しながらも、「近代化」過程での淘汰分解必然論、不完全就業論的な「残存論」の見地が支配的な時代から、欧米同様「雇用問題」からの注目を契機に、また世界の論調を受け、改めて小企業層の「役割」に目が向けられ、合わせて経済活性化にもかかわる創業促進の必要性からも、それらが取り上げられるようになったのである。

4. 今日の小企業の位相と実態、問題、政策対応

4-1.「小企業」「マイクロ企業」「自営業」「家族経営」

すでに見てきたように、世界的な関心の高まりと概念・定義の共有化という流れのもとでも、それぞれ異なる用語表現が用いられている。それは問題関心や視点の違いを示すものでもある。

普遍的観点に立ち、改めて整理すれば、まず企業規模表現として「小企業（small enterprise）」の語がある。ILO「小企業開発を通じた雇用促進国際重点計画（IFP/SEED）」(1999) の表現であり、ILO は Small Enterprise Unit も設置した。しかし他面で、Philips の著にもあるように、米国などでは一般に small business の表現が法律用語でもあり、「中小」企業の語が用いられない以上、世界的に「小」企業の表現では幅が広すぎる憾みもある。

日本においては、「小規模企業者」の語が従来から法制上存在し、2013年の改正中小企業基本法第2条第5項で改めて、「おおむね常時使用する従業員の数が20人以下、商業又はサービス業に属する事業を主たる事業として営む者については、5人以下の事業者」と定義された。しかし、これも「20

人」では上限が大きすぎるという批判を免れないし、多くの国々での動向にもマッチしない[30]。他方で、諸機関諸団体では「小企業」の表現も少なからず用いられている。

「マイクロ企業（micro enterprise）」の語は共通の定義とは言えないが、世界的に用いられてきている概念であり、積極的には「中小」規模企業に相対する位置づけと性格であることを強調する。すでに見たように、中国を別とし、EUはじめこれを従業員規模10人未満ないし5人未満と定義する傾向にある。ただ、「マイクロ」の表現に適切な日本語を当てられるかが問題として残る[31]。

規模表現よりも、雇用機会と就業形態、事業に対する地位と所有関係としての概念を代表するものが「自営業主（者）」である。日本の「就業構造基本調査」では、個人経営の商店主、工場主、農業主、開業医、弁護士、著述家、家政婦など自分で事業を営んでいる者と位置づける[32]。そして、「雇人のある業主」「雇人のない業主」「内職者」の3つに区分される。これに対し、英国の雇用統計や労働力調査では「self-employed 自己雇用者」の語を用いるが、個人で自分自身のために事業を営んでいるもの（in business for themselves）であり、雇用の有無、仕事の定期性、給与支払いや契約の形には依らないとされる。日本のように、「個人経営」＝個人事業主であることを基準とし、法人化しているものは除くという形式論で妥当かどうかの問題をはらむゆえ、「自営業者」がベストの表現であるかは断言しがたい。

一方で「家族経営（family business）」（家族企業）は、経済的関係よりも社会学経営学的な視点からの概念と言うことができる。これもまた、事業主とその家族が事業体従事者の大部分である（日本の就業構造や事業所統計の「家族従業者」概念）というとらえ方、あるいは経営主体の多くが家族員で構成される点に注目するとらえ方いずれもがありうる[33]。必ずしも規模の規定ではない以上、後者の観点からすれば、世界的には大企業でも家族経営の例も少なくないとなる。しかし、圧倒的多数は小規模ないしマイクロ企業であることは普遍的事実であろう。そして、これらにはいわゆる「生業

図2-1　中小企業とマイクロ企業・家族経営・自営業者

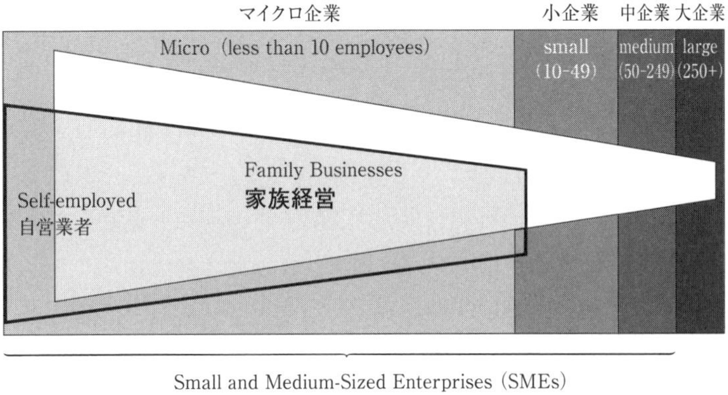

```
                マイクロ企業              小企業  中企業 大企業
        Micro (less than 10 employees)   small   medium  large
                                        (10-49) (50-249)(250+)

              Family Businesses
   Self-employed  家族経営
   自営業者

        Small and Medium-Sized Enterprises (SMEs)
                     中小企業
```

出所：European Commission (2009) p.50に加筆修正

性」[34]が色濃いことも確認できよう。

　このように、異なる観点や問題関心、ひいては性格規定からの用語法が同時に存在していることは事実だが、実在としてはほとんど重なり合う存在、同じものへの異なる表現であることも間違いない（図2-1）。

4-2．実態と問題

　世界的な小企業・マイクロ企業・自営業・家族経営への注目ということは、もちろんそれらが極めて健全活発に展開されていることをそのまま意味するものではない。可能性への期待と裏腹に、多くの困難があればこそ、諸施策の必要性も強調されるのである。とりわけ日本の場合、中小企業全般の衰退傾向と当然並行するかたちで、小規模企業・自営業の減少がとどまるところがない。この点ではむしろ、世界の動向とも異なる。

　例えばEUの場合、2008年金融危機にもかかわらず、加盟27ヶ国（2012年現在）での中小企業の趨勢のうちで、マイクロ企業のみは増加傾向を示し続け、総数19,143,521に達している（Ecorys, 2012：p.18）。80年代以降、

自営業数の長期的増勢を見てきた英国で、政府統計局の調べでは、2008-2012年の4年間で「自営業者」数は10％、36万7千人増加したと報告されている[35]。中国インドはじめ、新興工業国、発展途上国での中小企業およびマイクロ企業の急増は言うまでもない[36]。

日本の中小企業の総数と規模構成に関しては、以前は「事業所・企業統計」を用いたが、近年は「経済センサス」が典拠となっている。それによれば、2006年現在で非農林業の企業数は4,201,264、このうち小規模企業（常用雇用者20人以下、卸売業、小売業、飲食店、サービス業は5人以下）は87％の3,665,361となっている[37]。統計ベースが変更されたので、継続的に把握するのが困難だが、この20年来、日本の中小企業数が減少していることは間違いない。

日本の自営業主の実数に関しては、「就業構造基本調査」が継続的に確認推計してきている。図2-2のように、1987年からの25年間で、自営業主の総数は907万人から591万人へと35％減少した。非農林業に限れば、696万人から488万人、29.9％減である。家族従業者は減少甚だしく、526万人から134

図2-2　自営業主・家族従業者数の動向（1987-2012）

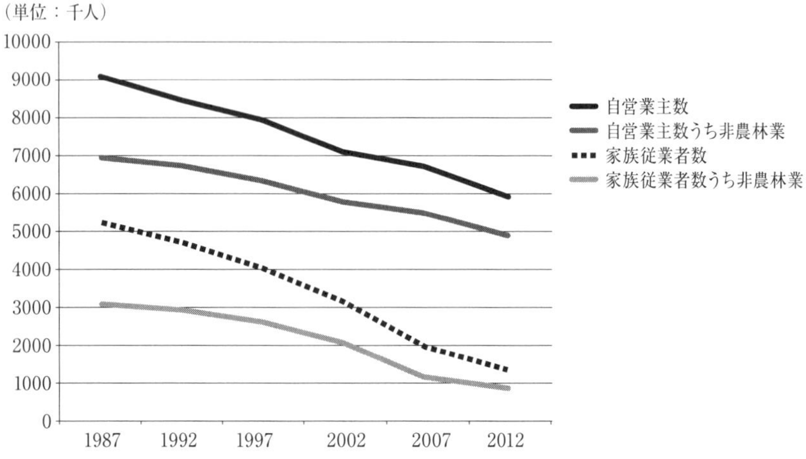

出所：「就業構造基本調査」による

万人、非農林業で308万人から81万人へと、各74.5％、73.7％の減少である。これらのことから、自営業に従事する者は家族従業者を含めても700万人前後とすることができる[38]。

この近年の減少傾向自体が大きな問題であるが、それでもなお、有業人口の１割前後がここに従事しているのである。もちろん高度成長期を見れば、図2-3のように1980年に至るまで非農林業自営業主数の顕著な増加があり、長期的な衰退傾向を単純に歩んできたものではない。

他方では、欧州等を含め、長期的失業増加と雇用労働機会の減少が、「非自発的起業」（小嶋正稔氏の表現）としての自営業増加を呼んでいる側面も否定できない。こうした実態を含め、特に日本の自営業・家族経営小企業では、近年の売り上げ不振・顧客減少、大企業等との競合激化、収入減を補うための長時間労働化とゆとりの乏しさ、資金繰りの困難、事業の先行き不安が繰り返し訴えられ、税制、社会保障制度や福祉行政への不満不安の声も根

図2-3　長期的な自営業主数の動向

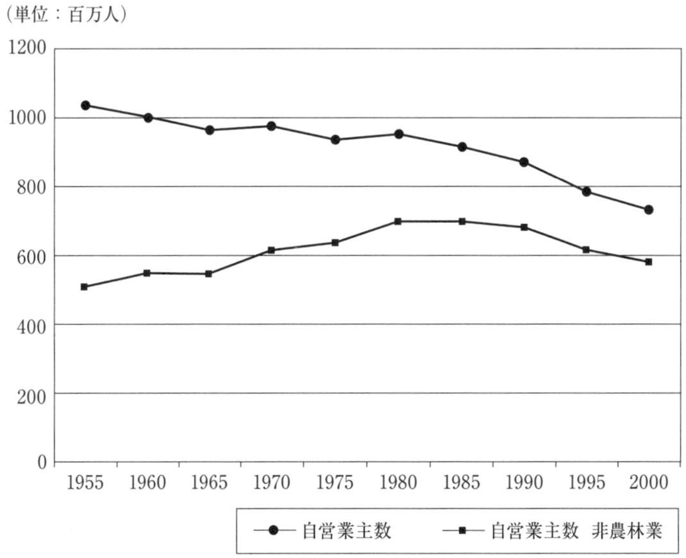

（単位：百万人）

出所：「労働力調査」による

強い。主に女性配偶者や子らの家族従業者が制度の狭間にあることへの不満も繰り返し示される。小規模企業を主構成員とする全国商工会連合会（全国連）や全国商工団体連合会（全商連）、また日本政策金融公庫（旧国民金融公庫）などの各種調査結果等にそれは見ることができる[39]。「ちいさな企業未来会議」の報告でも、主に小規模企業の減少傾向、倒産の多さ、売上高・利益率の低さを指摘している。会議の席では、「理不尽なコスト削減要求などで、大企業とは対照的に小企業のみ利益率は下がっている」「地域でお金の回る仕組みを」などの声が寄せられた。

　関連して、『2013年版中小企業白書』は小規模企業の「自己資本不足」を問題とし、またその結果「固定比率」（固定資産／純資産比率）の低下、資本生産性の低下と生産性格差拡大を指摘している（中小企業庁，2013：pp.37-43）。これは一面の事実であり、小企業の金融機会の向上も重要だろうが、依っているデータが「法人企業統計年報」で自営業個人事業を含めておらず、「生業的」経営では経営部分と生活費部分が明確に区分できず、家族総働きで生活費を稼いでいれば、「賃金」部分や「利益」部分を把握しがたいという現実を理解していない。また多くの小企業は極めて労働集約的で、固定資本投資を強化して生産性を上げることで経営を向上できるものではなく、むしろ小企業の特徴を失わせる恐れのあるところを見ていない限界がある。

　一種のパラドックスであるが、小企業にあっては強い労働集約性と低い生産性が就業と稼得の場を支えているとも言える[40]。中小企業庁の調査でも、図2-4のように、多くの小企業は雇用確保や事業継承を重視し、利益最大化を目指すものではない。また、小規模な層ほど正社員や家族従業者を確保拡大している（中小企業庁，2007）。むしろ重要なことは、これらを支える人材の能力発揮と正当な代価・収益の獲得、経営の向上への知恵と力の発揮の方法である。小企業、特に家族経営ないし自営業にあっては、創意工夫や技術などを積極的に生かす仕事への意欲の高さ、働いただけ稼げる可能性への期待、ひいては自分らしさの発揮、あるいは仕事を通じた社会貢献や家族を

図2-4 小規模企業者の規模別事業目的性

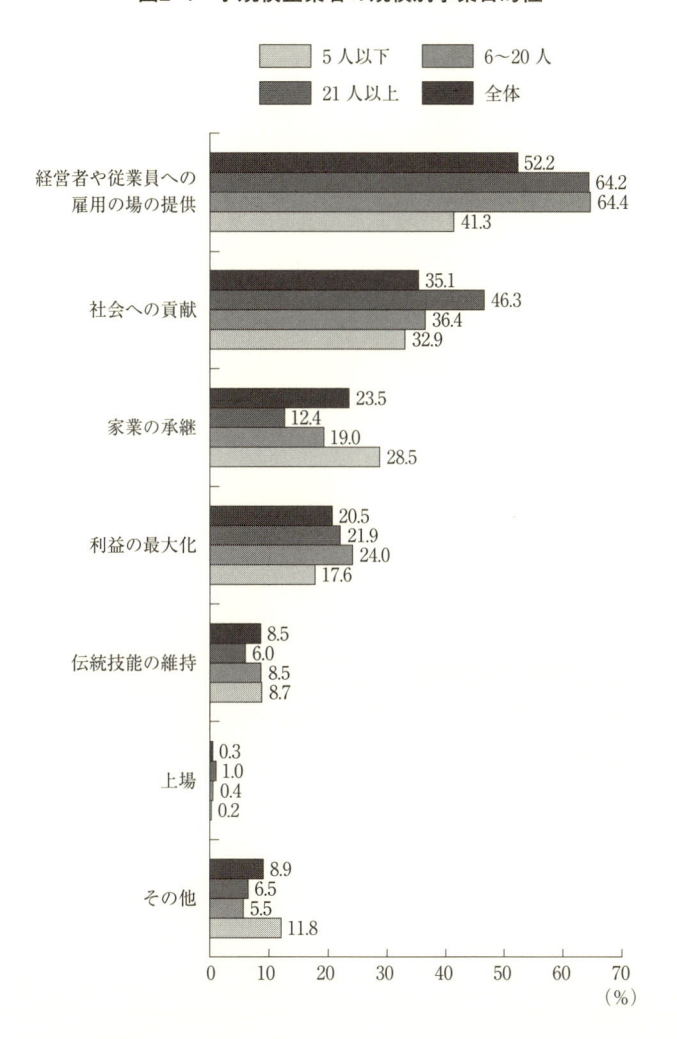

凡例:
- 5人以下
- 6～20人
- 21人以上
- 全体

項目	21人以上	6～20人	全体	5人以下
経営者や従業員への雇用の場の提供	52.2	64.2	64.4	41.3
社会への貢献	35.1	46.3	36.4	32.9
家業の承継	23.5	12.4	19.0	28.5
利益の最大化	20.5	21.9	24.0	17.6
伝統技能の維持	8.5	6.0	8.5	8.7
上場	0.3	1.0	0.4	0.2
その他	8.9	6.5	5.5	11.8

(%)

資料：三菱UFJリサーチ&コンサルティング(株)「小規模事業者に関するアンケート調査」(2007年11月)
（注）複数（最大2項目）回答のため合計は100を超える。

出所：中小企業庁編（2008）

支え育む担い手としての誇りなどにこそ特徴がある。EUの2003年「企業家精神グリーンペーパー」でも、「雇用者なし自営業者の33％、雇用者あり自営業者の45％は仕事に満足し、被雇用者の傾向と対照的」と指摘しているのである（European Commission, 2003）。

2008年のEU「家族経営」研究では、こうした仕事への満足度の高さ、非経済的な目標や「価値主導」的な経営姿勢とともに、家族・所有・事業経営間のバランス、事業承継や人材確保での困難、研修学習機会の不足、ひいては金融面税制面での不利、政策自体における家族経営軽視などを指摘している（European Commission, 2009；KMU, 2008）。

いま大切なことは、自営業・家族経営小企業の存在を積極的普遍的に評価し、事業体としてまた働く人間としての正当な位置づけを図り、その存続の困難をのぞき、役割発揮を可能にする環境づくりであり、また次の世代が事業と経営の継承に誇りと自信の持てる環境をさらに築いていくことだろう[41]。その決め手は、学習と連携機会である。

4-3．政策対応の現段階と課題

民主党政権下の「ちいさな企業未来会議」のとりまとめでは、これまでの政策が「中規模層」に焦点が当てられがちで、施策自体も小規模企業が利用しやすいものではないという認識が示され、小規模企業の存在意義とともに経営の困難を指摘し、その上で以下のような「1．小規模企業のための政策のあり方」を挙げている。「経営上の課題へのきめ細かな対応」「人材」「販路開拓・取引関係」「技術」「基礎経営力（企業会計ルールの活用等）」「資金調達」「その他の経営上の課題（大震災復興や社会保険負担・規制問題など）」である。さらに、「2．次代を担う若手・青年層、女性層の活力の発揮」「3．地域の中の中小・小規模企業（商店街等）」がそれぞれ示されている。この中でも、事業承継と次世代人材、女性らの新たな創業支援などはとりわけ重視されている。このようなかたちで、小規模企業の現状把握と全般的な施策の課題が示されたこと自体は、日本の中小企業政策史上でもある意味画

期的なこととできよう。

　さらに自民党安倍内閣のもとでの「ちいさな企業成長本部」の「行動計画」を見ると、いわゆる安倍「三本の矢」の第三、「新たな成長戦略」に合わせた構成が顕著である。この成長戦略は「日本産業再興プラン」「戦略的市場創造プラン」「国際展開戦略」からなるとされ、「再興プラン」の一環に位置づけられる「中小企業・小規模事業者の革新」施策自体も「地域のリソースを活用・結集させた起業・創業等の促進」「中小企業の新陳代謝の促進」「戦略的市場に参入する中小企業の支援」「国際展開する中小企業の支援」の4つの柱を示し、「成長戦略」に沿うものとなっている。そして、開業率、黒字中小企業数、海外展開社数という「数値目標」も示したのであった。「ちいさな企業行動計画」も、「地域に眠るリソースの最大限活用・結集・ブランド化」「新陳代謝活発に」「下請構造脱却、成長分野参入」「海外に打って出る」と描かれ、これに重なっている。

　前者、「未来会議報告」が理念と原則・体制を示し、事業環境の観点と総合横断型の推進方向を示す、後者、「行動計画」は枠組みと個別課題・目標提示型であるという違いは確認できよう。しかし後者にあっては、なぜか欠落した点も少なくない。「地域リソース活用」が前面に出て、創業支援や地域資源活用、地域ブランド強化が挙げられる一方、「未来会議報告」にあった「地域を支えるちいさな企業（商店街）支援」自体は後景に退き、「商店街支援」も空き店舗活用や起業・創業の場に限定されている。「成長分野参入」では「下請構造からの脱却」が強調され、小規模企業自ら成長分野参入を図ることが目指すべき方向であるとされる。実際「中小企業ものづくり高度化法」（サポイン法）の支援対象技術分野もそれに合わせて見直すという。他方で、「未来会議報告」にあった「取引環境改善」「適正な下請取引」「取引拡大」への言及はなくなり、もっぱら大企業との補完連携が挙げられるのである。そして、内容面で「個人保証制度見直し」を含むとはいえ、「中小企業の新陳代謝を活発に」という表現は、新規開業企業や事業継承への傾斜を象徴しており、当然ささやかにもがんばっている「既存の」小企業を軽視

している、むしろ「退場する」のを期待しているのではないか、という危惧をぬぐえない。

　なにより、2000年代からの景気低迷下での消費税引き上げ、TPP参加による「グローバル化」の荒波、社会保障制度の削減など相次ぐもとで、日本の小企業が存続していけるのであろうか。「小規模企業支援体制の強化」は肝心の「主役」を欠いては功を奏さない。もちろんそれは既存の企業にとどまらず、新創業の可能性、そのための「企業家教育」や後継者を含めての学習機会などが十分に保障拡充されるのかという課題にもかかわる。

5．結び——小企業・家族経営の多数派性と今日性

　これまで見てきたような世界的な研究と議論・政策動向のレビューに依拠すれば、小企業・家族経営の今日的存在意義は極めて大きいことが普遍的に共有理解されていると言うことができる。それらは決して淘汰消滅などしない、今日的多数派的存在と認識されるのである[42]。その背景には、先進国発展途上国を問わない雇用就業機会としての小企業の重要性、能力発揮と社会参加への多様な機会としての積極性、地域社会の調和と安定安寧との不可分性を見ることができるし、先進国を覆ってきた巨大企業体制と金融資本主義の矛盾と荒廃に対する、幅広い批判と代替的な道を求める流れを反映しているとも言える。2011年大震災と原発危機、それに伴う資源エネルギー問題等を抱え、また全国で地域問題が深刻化している日本においてこそ、小企業・家族経営の存在意義が求められる。まさに、「小規模企業の多くは家族形態を採り、地域社会の安定をもたらす」べきものである。

　もちろんそれは、小企業や家族経営への手放しの「礼賛論」にとどまってよいわけではなく、またそれらの直面している諸問題を抜きに語れるわけでもない。特に「家族」経営については、ともすればポストモダン論的なレトロ志向を無批判に取り上げ、先進社会の到達点としての個人の人格と権利の

尊重をなおざりにしかねない陥穽がありうることを見落としてはならない。
激しい「近代化」やグローバル化の荒波に急にさらされ、家族と地域社会の
足下が掘り崩されている発展途上の経済社会には、「家族」の再評価、家族
経営の重視は意味あるものだろう。しかし先進社会にあっては、核家族を含
めて古典的「家族」のかたちの解体変容が不可避に進んでいるのであり、現
実を否定し、権威主義的「家族主義」の復活で「家庭に帰れ」を唱えても無
力である[43]。そうした意味で、21世紀の時代にあっては個の自立と自由な
ライフスタイル、また人間関係と働き方、コミュニティでの生き方の選択の
中で、「家族経営」自体も相対化され、その上で再評価を得るべき存在である。
「家業だから」子が「後を継ぐ」のは当然で、他の選択肢は許さない、ある
いはまた「家族経営なのだから」一家が総出で従事せねばならないと決めて
かかることはできない。さまざまな職業と人生、社会とのかかわり方の選択
の上で、むしろ積極的に、「ちいさな企業を起こす」「自分たちで仕事を築い
ていく」「家業を継承発展させてみる」、そのような可能性にチャレンジする
ことが今日的なのである。

　しかも小企業・家族経営への再評価は、仕事の機会と生活基盤を自ら作り
出す自営業というかたちを含め、人間労働のあり方にまでさかのぼり、位置
づけ直す道にもつながっている。「雇用賃労働」というかたちを相対化した
上で、自営業のような古典的にさえ見える働き方も「オルターナティブ」
な選択の対象である。特には、労働市場と雇用労働主流から排除されがちな
人々、エスニック・マイノリティ、障がい者、高齢者、いわゆるNEET層、
ひいては女性らの自立と参加、稼得の機会でもある。もちろんそれらはい
つの時代にも孤立分散の存在ではなく、「自立」の上に立つ「共同」と「協
働」、支え合いの関係を不可欠のものとしている。EU「家族経営」研究は、
社会関係資本とネットワークとのかかわりが家族経営においても欠かせない
基盤性を持つことを指摘している（KMU, 2008）。事業にかかわる、（とき
に顧客を含めた）人間同士の関係構築と連帯が小企業としての個々の存立を
支え、同時にまた地域社会をはじめとするコミュニティの不可欠の構成部分

となっている。

　こうした小企業・家族経営にあっては、日々の実践そのものを通じた知識と技能の継承の可能性が大きく、まさしく「実践共同体」(Lave & Wenger, 1991) 的性格を色濃く有している。野中郁次郎氏流に言う「暗黙知」の伝達移転、創造的応用の可能性が高いのである。小企業の経営と労働が極めて人間的であり、個々の人格に直接依拠していればこそ、その能力実践と応用発展が事業自体の成果と発展可能性を左右するものでもある。

　もちろんまた環境変化の激しい今日では、単なる「継承」だけではなく、科学的創造的な知識体系と方法を「学習」する機会が欠かせない。「家族」の枠組みを超えた広義の「学習」と成長なしには小企業・家族経営の存続も危ういことは世界共通の認識でもある（European Commission, 2009）。そしてまた、学習機会が新たな関係構築と共同の糸口にもなる。

　古典的にしてかつ「ダイハード」な存在であり、資本主義的生産関係の「周辺」からいまや「人間の顔をした」社会的市場の再構築の担い手としての期待を寄せられる、企業家と家族経営・自営業者たちが、世界の至るところで健闘している。それは労働と生活、仕事・職業と生き甲斐、社会における役割発揮、そして人間的な経営のありようへの見直しであるにとどまらず、自由な選択に基づく今日的な「市民社会」主体としての自己主張にもつながるものである。巨大主義と画一主義にのめり込んだ時代を超え、多様かつ分散型の社会での政治的・社会的な主体として、地域を支え、「市民自治」の再構築と新たな共同性の回復を図れるのが社会階層としての自営業・家族経営であり、そしてそれらが営む小企業・マイクロ企業である。極論をすれば、細分化され分断された分業社会の再構築[44]、協働と共同性の回復、労働による「所有」の復権をもわれわれは展望すべき時代にいる[45]。

　2007年10月、EUの家族経営に関する会議開催にあたって、「家族経営は『見えない巨人』である」との演説をJ.M.Barrozo欧州委員会委員長が行った。家族経営は強固な存在であり、短期の利益ではなく長期の持続可能性成長性に貢献している、それは伝統市場だけではなく、開かれた新市場に向き合い、

イノベーティブな解決を進める未来の可能性を持っている、環境問題など欧州と全世界が向き合う課題に対し、CSR の担い手となるのは古くも新しくも家族経営なのである、と。

(注)

1) のちにもたびたび引用するように、筆者は30年前に、「戦後日本の小零細経営研究」と題する論点整理の論説稿を著した（三井，1983）。本章はこれを踏まえながら、この間での、筆者自身を含めての学問的諸観点と論理論点、また実態の変化を確認するものでもある。
2) 筆者三井は、長谷川榮一中小企業庁長官（当時）のもとの「中小企業憲章に関する研究会」の一員であり、「憲章」の立案起草に関与した。小企業・家族経営への注目も、それが世界的傾向である事実を含め、三井が強調した点のひとつであった。
3) 「ちいさな企業未来会議　取りまとめ」(2012年6月16日)
4) 三井は中小企業政策審議会企業力強化部会の一員にもなり、議論に加わったが、「経営力強化支援人材」を金融機関内に多く求める発想には無理があると意見を述べている。
5) この新体制は「成長」本部という名称もさることながら、構成員に企業経営者、諸団体関係者、金融機関・支援機関関係者とマスコミが入り、いわゆる「学経委員」は一切入れていないことも特徴である。「未来会議」でもそうした席はなかったが、渡辺達朗専修大学教授が入っていた。また、いずれも「マスコミ」を重視する一方、後者では地方行政関係者も入れていない。
6) 「常時使用する従業員数20人以下」を原則とする「小規模企業」の定義は、上限が大きすぎるのではないかという批判が従来からあり、また本章でも指摘するように、諸外国の「マイクロ企業」定義とのずれが大きいとせねばならないが、この法改正ではそれには手がつけられなかった。
7) この改正では新たに基本法第17条を置き、中小企業の海外事業展開に言及、これに対する情報・研修提供や資金供給、海外での関心理解促進への支援策を

明文化した。これには「海外事業推進に過度に期待する」との批判を招く余地もある。

8）水津雄三仮訳「ILO 第77回総会決議・自営業促進に関する決議」『中小商工業研究』第60号、1999年。水津（2000）。

9）ILO は1998年に、「起業文化」の奨励を含む「中小企業における雇用の創出を奨励するための一般的条件に関する勧告（第189号）」を採択した。インドの2006年法はこれに基づいている。また「勧告」により、ILO は「小企業を通じた雇用促進重点計画」（IFP/SEED）を設けた（ILO 駐日事務所資料による）。

10）この時点では共通通貨ユーロはまだ発足しておらず、単位は仮想通貨 ECU であったが、のちにすべてがユーロに読み替えられた。

11）三井（2011）、第6章、7章。

12）EU の「家族経営」検討と政策立案にかかわっているのは、欧州規模でつくられた組織・EFB（European Family Business）である。これには現在、11ヶ国の12団体が参加しているとされ（フランスからは2団体）、英国の Roger Pedder 氏が会長を務める。ただ、こうした家族経営を代表する組織と、UEAPME 欧州クラフト・中小企業同盟などの既存の中小企業団体との関係は十分明らかではない。英国では従来から FSB 小企業連盟（もとは NFSE 全国自営業者・小企業連盟）が活発に活動し、そのイニシアチブで、UEAPME には競合する ESBA 欧州小企業連合もつくられている。これに対し、EFB には英国から、2001年創立の Institute for Family Business 小企業協会が参加しているが、これはロンドンビジネススクールを本拠に設立され、Fenwick など相当の大企業も会員の上、学界やコンサルティング企業の関与も濃い。IFB と FSB の関係も不明である。

13）タイでは現在も small と medium enterprise の二本立ての定義である。

14）以前は「総資産額15万ペソ以下」であった。中小企業総合研究機構（1998）、および JICA 作成資料「中小企業育成・裾野産業育成のマップ」（2013年）http://gwweb.jica.go.jp/km/FSubject1101.nsf、による。

15）韓国の法制や政策に関しては、李尹俌氏作成の資料、および李玫静氏の訳等による。

16）李玫静（2012）。

17) 2013年に引き続いて政権についた朴槿恵大統領（セヌリ党）も「経済民主化」を掲げ、中小企業重視の姿勢を強調し、大企業と中小企業の共存共栄を目指すとしている。
18) 『北京週報日本語版』2011年7月22日号、駒形 (2012) による。
19) 台湾では伝統的に家族経営が根強く、そのうちから世界的大企業に成長するものも少なくないとされる。他面では、家族経営ゆえの制約限界も近年指摘される。
20) 英国下院貿易産業委員会の1999年報告にも、こうした対象のズレが言及されている。渡辺 (2010) pp.122-125。
21) 詳しくは、三井 (1989, 2004)。なお、1980年代の英国における「中小企業存在と政策への関心」を主導した1人であるBannock (1981) は、総じて起業と中小企業の展開発展の政治経済的意義を強調したものの、「中企業」と「小企業」の違いには目を向けてはいない。
22) 90年代に刊行され、中小企業研究のテキストともなった、Storey (1994) では、英国の統計や実態研究を反映し、「自営業」への言及は多いが、「家族企業」への関心は、創業の基盤としての履歴性や、存続の強さ弱さといった観点に限られている。同様の傾向は、Stanworth et al. (1991) でも見られる。
23) 主要な国際学会・会議において「家族経営」は一貫して重要な課題であり、また国際学術ジャーナル *Family Business Review* 誌も刊行されてきている。例えば、さまざまな「企業家精神」研究が特徴的であった2012年のICSB中小企業研究国際協議会ウェリントン大会の「家族経営」分科会では、「家族内の事業継承と知識移転」「ガバナンス」「家族外からの経営幹部採用」「市場志向」「融資機会」の研究発表が行われた。
24) これに関しては、三井 (1983, 1991, 2011) 参照。
25) 山中篤太郎氏らの「二極集中」と「過小・過多」論、礒部浩一氏岩武照彦氏らの淘汰ないし分化の過程論、伊東岱吉氏巽信晴氏らの「中小企業の階層分化」論、江口英一氏らの「社会階層」論ないし「窮迫的自立」論、氏原正治郎氏高梨昌氏らの労働市場と分業構造・生産物市場からの「零細企業の存立条件」論、中村秀一郎氏清成忠男氏らの「新旧交代」と、「都市型新規開業」論ないし高収益急成長の「ベンチャービジネス」論、その延長上での市場経済と「新中産階級」

論、さらには隅谷三喜男氏の「零細産業論」や、板倉勝高氏竹内淳彦氏ら経済地理学の立場からの「零細工業集積」としての地場産業・集団論ないしは「大都市零細工業」論などを俯瞰総括できる。三井（1983, 1984）。

26) あとでも触れるように、隅谷氏が主査であった中政審「80年代中小企業ビジョン」は、「活力ある多数」としての中小企業認識とともに、「企業的発展志向」層と「生業的安定志向」層を区別し、小規模企業には「企業能力育成」と「生業」への福祉対策がともに求められるとした。中小企業庁（1980）。

27) 関連して、佐藤（1981）。

28) 後述のように、この観点こそが30年後の世界的論調と合致するものである。

29) こうした小企業の「人間性」の実態と地域社会・顧客との関係性を客観的に、エスノグフィカルに検証したものが、坂田（2006）である。

30) 中小企業庁では、「小規模事業者」の語との併用も行っている。

31)「マイクロ企業」の語を「零細企業」と訳する傾向も見られる。筆者も以前には用いていた表現だが、日本での「零細」表現の用いられ方、主観性と社会的バイアスを考えると、今日では妥当ではないと言うべきではないだろうか。

32) 日本の「労働力調査」も同じ定義である。

33) EUの「家族経営」レポート（European Commission, 2009）では、その多くは「自営業」ないし「個人事業」であるとしながらも、1) 企業創業者・買収者・それらの配偶者／親／子／孫らが意思決定権の多数を手中にしている、2) 意思決定権の多数は直接でも間接でもあり得る、3) 企業のガバナンスに家族ないし一族の誰かが正式に関わっている、4) 創業者ないし買収者、その家族、子孫が株式保有によって意思決定権の25％以上を有している場合（上場会社も含まれる）、という4点を定義としている。

34)「生業性」とは、これらの層の性格を規定する上でしばしば用いられる表現であり、既出の「80年代中小企業ビジョン」では、「企業的発展を志向するグループ」と「生業として安定を第1とするグループ」を明確に区分した。また1993年の中政審小委員会「中小企業政策の課題と今後の方向」でも、中小企業政策の柱を3つに区分し、生業的な個人企業が多く、経営基盤が脆弱な「小規模企業対策」を第3番目の課題としている（中小企業庁，1980, 1993）。しかし、これは小企業への「福祉政策」の根拠や、より積極的な市場補完支援の必要を示すものであっ

ても、「生業」と「企業」を明確に区分できるのか、またそうすべきものか疑問を残す。生活との重なりと生活維持という側面は広く見られるのであり、あらゆる「起業」行動の根拠でもある。極論すればこうした「生業」「企業」二分論は、マルクス経済学的な「階級分解論」、新古典派・新自由主義的な投資と利潤原理、機会費用原理の「理論」のいずれもと、多数の自営業・家族経営存在の「実態」とのずれを埋めようとするものに思われる。「せいぎょう」ではなく、まさしく「なりわい」として、職業と事業存在の社会的必然性積極性を説くことが議論の本旨ではないか。問われるのは、むしろ「生活の質」であろう。

35) Office for National Statistics の2013年2月9日発表による。
36) インドでは、MSME 中小マイクロ企業の総数が2001年の10.11百万から、2006年には12.34百万、2010年には29.81百万に増加し、その94.94％がマイクロ企業である。これら MSME の従業者数は69百万人に達する。MSME（2011）による。
37) 中小企業庁『2013年版　中小企業白書』による。
38) 「国勢調査」でも従業上の地位として、自営業主、家族従業者を区分している。2010年調査では、就業者総数59,611千人中で自営業主は5,578千人、家族従業者は2,322千人であった。『平成22年国勢調査結果』による。また、記載のように「労働力調査」でも自営業主が区分され、2012年の平均値で、就業者総数6,270万人、うち自営業主が559万人、家族従業者が180万人となっていた。なお、ここでは家族従業者に週1～14時間就業の者も含んでいる。
39) 全国商工団体連合会（2003）は会員中8万人余の調査結果から、「60歳以上事業主が4割」「売上・利益減が7割」「後継者なしが5割」「1日10時間以上労働が3割」などの厳しい状況を示している。他方、30歳までの事業主や家族従業者青年5千人の調査（全国商工団体連合会，2008）では、「家業だから」が従業動機の4割を占めるが、「自分の考えで仕事」や「能力発揮」も3割を超え（MA）、また「頑張った分利益になる」や「顧客の満足」をやりがいとする答えも多い。営業の拡大志向も5割近い。
40) そのことがこれまで繰り返し、小企業の「前近代性」「淘汰分解の必然性」を唱える議論の根拠ともなってきたのである。
41) もちろんそれは、単に既存の小企業を「守る」だけではなく、ときには主体

的必然的理由からの「退出の自由」も含むし、中小企業庁（2013）が強調する新たな創業の機会を確保拡大することとも表裏の関係にある。
42）EU「小企業憲章」（2000年）の影響下に、全商連は「日本版・小企業憲章」（案）を2011年に発表した。新たなモノとサービスを生み出す社会的存在としての小企業・家族経営の持続可能な地域づくりと地域経済の再生、人間性の回復への貢献をうたっている。全国連は「小規模企業基本法」を求めた。
43）日本以外の先進国では当然のこととなっている、制度的婚姻以外の多様な「家族」のかたちを認め、制約なく子を産み育て、社会が支える社会的合意と仕組みの構築を否定して、どのように「少子化」をとどめられるというのだろうか。一部復古主義者たちは「少子化推進政策」を進め、ニッポン人を絶滅に向かわせているのである。
44）デュルケームが分業論を超えて説いた、「個人の自立」と「有機的連帯」の可能性がある（三井，2010）。
45）もちろんそこから、クラフト職人層や商人などの古典的な「中産階級」への期待をになったドイツ新歴史学派やE.ベルンシュタイン「修正資本主義論」、市場経済における「責任ある中間層」の不可欠性を説くW.レプケ「新自由主義」などに論拠を求めた、清成氏らの昭和50年代の論調がいま再び想起される（清成，1976，1982）。問題は、デュルケーム分業論を含め、社会経済システムの変革理念をラディカルに模索追求しようとする清成氏らの意欲と志向性が、その意味を最も問われるべき90年代以降むしろ見えなくなっている事実にあろう。

（参照文献）

中小企業庁編（1980）『中小企業の再発見』通商産業調査会
中小企業庁編（1993）『中小企業政策の課題と今後の方向　構造変化に挑戦する創造的中小企業の育成』通商産業調査会
中小企業庁編（2007）『2007年版　中小企業白書』ぎょうせい
中小企業庁編（2008）『2008年版　中小企業白書』ぎょうせい
中小企業庁編（2013）『2013年版　中小企業白書』同友館
中小企業事業団中小企業研究所編（1984）『日本の中小企業研究』（1985年に有斐閣より公刊）

中小企業事業団中小企業研究所編（1992）『日本の中小企業研究1980-1989』企業共済協会・同友館
中小企業総合研究機構編（1998）『アジア中小企業の現状に関する研究』
中小企業総合研究機構編（2003）『日本の中小企業研究 1990-1999』同友館
中小企業総合研究機構編（2013）『日本の中小企業研究 2000-2009』同友館
江口英一・高田博（1971）「小零細企業における『蓄積』の分析」(『中央大学経済研究所年報』第2号)
藤田敬三・伊東岱吉編（1954）『中小工業の本質』有斐閣
板倉勝高・井出策夫・竹内淳彦（1973）『大都市零細工業の構造』新評論
岩武照彦（1959）『中小・零細企業の構造』中小企業出版局
上林貞治郎編（1976）『中小零細企業論』森山書店
清成忠男（1967）『現代日本の小零細企業』文雅堂銀行研究社
清成（1970）『日本中小企業の構造変動』新評論
清成（1972）『現代中小企業の新展開』日本経済新聞社
清成（1976）『現代中小企業論』日本経済新聞社
清成（1982）『企業家革命の時代』東洋経済新報社
清成忠男・中村秀一郎・平尾光司（1971）『ベンチャー・ビジネス』日本経済新聞社
国民金融公庫調査部編（1967）『日本の小零細企業』東洋経済新報社
国民生活金融公庫総合研究所編（2004）『自営業再考』中小企業リサーチセンター
駒形哲哉（2012）「中国の社会主義市場経済と中小企業金融」(『成城大学経済研究所研究報告』第60号)
李玟静（2012）「韓国・伝統市場の現状と再生の課題」(三井（2012）所収、第11章)
三方良（2009）『なりわい繁盛帖－成功する「小」の経営法』新日本出版社
三谷直紀・脇坂明編（2002）『マイクロビジネスの経済分析──中小企業経営者の実態と雇用創出』東京大学出版会
三菱総合研究所（2011）『平成22年度海外の中小企業・中小企業政策調査に関する委託事業報告書』
三井逸友（1983）「戦後日本の小零細経営研究」(『駒澤大學経済学部研究紀要』第41号)

三井（1989）「英国における『中小企業政策』と『新規開業促進政策』」（『駒沢大学経済学論集』第20巻4号／第21巻1号）

三井（1991）『現代経済と中小企業──理論・構造・実態・政策』青木書店

三井（2004）「英国における中小企業政策と自営業、新規開業」（国民生活金融公庫（2004）所収）

三井（2010）「「社会的分業」と中小企業の存立をめぐる研究序説」（植田浩史ほか編『日本中小企業研究の到達点』同友館、所収）

三井（2011）『中小企業政策と「中小企業憲章」──日欧比較の21世紀』花伝社

三井編（2012）『21世紀中小企業の発展過程──学習・連携・承継・革新』同友館

向山英彦（2012）「転機にある韓国の経済社会」（『環太平洋ビジネス情報』第12巻46号）

中山金治（1976）「小零細企業問題」（加藤・水野・小林編『現代中小企業基礎講1』同友館、第8章）

中山（1983）『中小企業近代化の理論と政策』千倉書房

日本学術振興会中小企業委員会（1963）「零細企業の本質について」（『国民金融公庫調査月）報』第26号）

岡本真理子・粟野晴子・吉田秀美編（1999）『マイクロファイナンス読本』明石書店

太田一郎（1982）『人間の顔をもつ小企業──生業的経営のバイオロジー』金融財政事情研究会

坂田博美（2006）『商人家族のエスノグラフィー』関西学院大学出版会

佐藤芳雄編（1981）『巨大都市の零細工業』日本経済評論社

園田哲男（2003）『戦後台湾経済の立証的研究』八千代出版

水津雄三（1979）『日本中小零細企業論』森山書店

水津（2000）「ILO（国際労働機関）の中小企業政策」（中小商工業研究所編『現代日本の中小商工業　国際比較と政策編』新日本出版社、所収）

隅谷三喜男（1970）「零細経営の経済理論1〜3」（『東京大学経済学論集』第36巻2〜4号）

巽信晴（1960）『独占段階における中小企業の研究』三一書房

辻弥兵衛・安倍一成（1980）『日本の零細企業──地方の時代をどう生きるか』日

本評論社

氏原正治郎・高梨昌(1965)「零細企業の存立条件」(『国民金融公庫調査月報』第57号)

渡辺睦編 (1982)『80年代の中小企業問題』新評論

山中篤太郎 (1948)『中小工業の本質と展開』有斐閣

山中 (1964)「工業における「零細企業」」(『国民金融公庫調査月報』第35号)

山崎充 (1977)『日本の地場産業』ダイヤモンド社

渡辺俊三 (2010)『イギリスの中小企業政策』同友館

全国商工団体連合会 (2003)『中小業者の営業と暮らし・健康実態調査報告集』

全国商工団体連合会青年部協議会 (2008)『全国業者青年実態調査』

Bannock, G. (1981), *The Economics of Small Firms : The Return from the Wilderness*, Basil Blackwell（末岡・藤田訳『中小企業の経済学』文眞堂、1983)

Ecorys (2012), *EU SMEs in 2012: At the Crossroads: Annual Report on Small and Medim-sized Enterprises in the EU, 2011/12*（中小企業総合研究機構訳『2012年欧州中小企業報告書　岐路に立つ中小企業』、2013)

Blackburn, R. & Brush, C.G. (eds.) (2008), *Small Business and Entrepreneurship* Vol.I-V, Sage

European Commission (2003), *Green Paper Entrepreneurship in Europe*

European Commission (2009), *Final Report of the Expert Group Overview of Family-Business-Relevant Issues: Research, Networks, Policy Measures and Existing Studies*

KMU Austrian Institute for SME Research (2008), *Overview of Family Business Relevant Issues final Report*

Lave, J. & Wenger, E. (1991), *Situated Learning : Legitimate Peripheral Participation*, CUP（佐伯胖訳『状況に埋め込まれた学習』産業図書、1993)

MSME (Ministry of Micro, Small and Medium Enterprises, Government of India) (2011), *Annual Report 2010-11*

Morrisson, C., Lecomte, H. & Oudin, X. (1994), *Micro-Enterprises and the Institutional Framework in Developing Countries*, OECD

Philips, J.D. (1958), *Little Business in American Economy*（大阪府立商工経済研究所訳『アメリカにおける零細企業』、1962)

Sengenberger,W., Loveman, G.W. & Piore, M.J. (eds.) (1990), *Re-emergence of Small Enterprises: Industrial Restructuring in Industrialised Countries,* IILS.

SBRT, ISBA & DTI (1997), *SME Research Database,* SBRT

Stanworth, J. & Gray, C. (eds.) (1991), *Bolton 20 Years On,* PCP（三井監訳『ボルトン委員会報告から20年』中小企業総合研究機構、2000）

Storey, D. J. (1994), *Understanding the Small Business Sector, Thompson*（忽那ほか訳『アントレプレナーシップ入門』有斐閣、2004）

第3章

固有性志向による中小企業の新たなモノづくり

上原　聡

1. はじめに

　我が国の経済発展において、大企業と中小企業との相互依存の関係は不可欠なものであり、下請けという構造はそれを代表するひとつの形態であった。

　戦前、軍事にかかわる工業生産の国家方針として、安定的な生産力を確保できる企業間の専属取引化が標榜された。これにより、機会主義的行動は回避され、特定の受注に集中した中小企業は生産性を高める。戦後の高度成長期に下請け関係は発展し、継続的取引の前提の下、積極的な設備投資や発注企業の高度な要求が下請け企業の有する技術力をより高めた。そしてオイルショックをきっかけに、減速経済に移行すると、下請け企業には効率化だけでなく、新製品のための部品等に関する開発・提案まで求められ、結果として対外的な競争優位を築く要因となる。

　このように90年代までには、大企業に引けを取らない専門性の高い技術力を誇ることになった中小企業であるが、独自製品の開発に乗り出しつつも、市場拡大を主導した大企業からの発注に依存する体質は維持された。だが90年以降、大企業生産拠点の東アジアへの移転などに伴う発注高の減少が、依存体質を是正し、顧客を創造・維持する努力を中小企業に課す契機となる。

下請取引に比べ、能動的な顧客創造を行う中小企業の価格形成力は高まり、持続的成長を可能にする。

そのために重要なことは、大企業に対して中小企業が劣位とならない新たなモノづくり視点の提起だ。新たなモノづくりとは、産業主義に基づく大量生産と効率性向上を至上命題に掲げて大企業が主導してきたモノづくりからの脱却を意味する。また、中小企業が従属的な下請け取引関係から脱却し、より自律性を高めた企業経営を推進する前提として、規模の制約を受けずに実践できる戦略課題を検討する必要があると考える。

以上より、本章では、持続的成長に向けて中小企業が能動的な顧客創造・維持を行うにあたり、企業戦略[1]の枠組みの下で、中小企業の実践に適した主要な戦略課題の類型化を最初に行う。その上で、中小企業が新たなモノづくりを実現するための戦略課題を取り上げ、戦略の実行を可能にする対応策を組織化の観点から示すことを目的とする。

まず次節において、資本規模の制約を受けずに中小企業が実践できる戦略の課題を整理し、その類型化を試みたい。

2. 中小企業の実践に適した戦略課題

それでは最初に、中小企業が厳しい経営環境の中で存続するための戦略課題の抽出に際し、分析には企業の長期的な成長を司る戦略立案フレームとして広く知られる Ansoff (1965) の製品−市場マトリックスを利用する。静態的であるなどの批判もあるが、依然として実務的に有効なモデルであり、この製品−市場マトリックスの各セルに対応した中小企業の実践に適した戦略課題を提示していく。

なお、製品−市場マトリックスに対応する各セルのナンバーを便宜的に次のとおりとする。

既存市場・既存製品＝セル1　　新規市場・新規製品＝セル3
新規市場・既存製品＝セル2　　既存市場・新規製品＝セル4

2-1.【セル1：既存市場・既存製品】の戦略課題

　既存市場に既存製品で勝負する本セルでは、既存客当たりの購買量・購買頻度の増加、他社製品からの買換え需要に伴う購買客数の増加などがセオリーとなる。中小企業が新規客数を増やすことは困難であり、既存客との取引を重点的に強化する方法には合理性があろう。そのため、再購買意図に影響する顧客満足の向上を事業理念とすべく、中小企業にとっては顧客を完全に満足させるような経営努力が必須となる。この顧客満足に影響を与える先行要因が製品・サービスの品質だ。今日、多くのサービス企業でも製造業と同様、ZD（zero defects）を目標にサービス品質向上運動が展開され、Heskett et al.（1994）はサービス品質が顧客満足に影響を与えて最終的に企業収益を高める概念モデルを提唱した。これは品質への満足を通じて継続率・再購買率を上げること、つまり顧客との関係を重視することに他ならない。企業は要求された品質を期待どおりに提供する信頼を顧客から得る必要がある。

　そこで多くの戦略オプションの中から、本セルで中小企業の実践に適した戦略課題は、品質を徹底的に向上させた高い「品質精度」の実現だ。中小企業は高度な管理システムを構築し、他社では模倣困難な高い品質精度を実現していく。このためには戦略的な設備投資が欠かせない。品質精度には納品不良率、規格値誤差率などの指標を想定する。ここで問題となるのは、どの程度までが良い品質として受容されるかである。これを考える際、取引先など顧客が事前に抱く期待の水準が重要となる。パフォーマンスに対する顧客の期待水準を、理想、要求、価値評価、必要、適正、最低許容、非許容などの階層構造で捉える立場がある（Oliver, 1997）。このような階層中に許容される一定範囲が存在するとZeithaml, Berry, and Parasuraman（1993）は指摘する。確かに、一般的な精度なら許容範囲内で十分だろうが、本セル

では顧客からの要求水準を確実に満たし信頼を勝ち取り、継続的で良好な"関係づくり"が目的となる。小規模市場の中で顧客と接してきた中小企業はもともと相対の関係性を基盤とした強みを持ち、品質による信頼は資本規模とは関係なく醸成できる。品質への信頼はブランド力を強化し、取引量増加や高い利潤率をもたらす。『中小企業白書2011年版』では、中小企業による顧客数拡大の取組として、「商品・サービスの安定的な品質の維持」の実施割合が約7割と最も高い。

徹底した品質（衛生）管理により、マグロを主とした水産加工（委託・仕入）を手がける静岡県の〈オリエンタルフーズ〉では生産工場の全ラインに総合衛生管理製造過程の認証を得て、全業務にISO22000（食品安全マネジメントシステムの国際規格）を県内で初めて認証取得した。まさに品質（衛生）管理のスペシャリストとして衛生教育コンサルタント事業にまで展開するほどの高い品質の信用力が評価され、OEM供給にて大手水産会社などの製品も製造している。

さらに、従業員の満足は品質を高め、収益に貢献する。米ファーストフード〈タコベル〉社が店舗を対象に従業員の離職率に関する独自調査を行った結果、離職率が低い店舗の上位20％は下位20％に比べ、売上高が2倍となることを確認したという（Heskett et al., 1994）。したがって、本セルでいう関係とは取引先などの顧客だけでなく従業員も視野に入れた二重の関係づくりを指す。

徹底した従業員尊重の姿勢を実践する岐阜の機械部品メーカー〈鍋屋バイテック〉では、それまでは作業環境・イメージともに悪かった工場を公園ならぬ"工園化"することを目指した。

単に給与額だけの問題でなく、経営トップによる直接的な社員とのコミュニケーション、従業員の経営参加やプライド生成など、多様な要素を組み合わせ常にモチベーション管理を意識すべきだ。特に中小規模の企業では、大企業と比べ社員との距離が近い分、経営トップによる直接的なかかわりやアイデア提案などで経営に参加させる仕掛けは有効となる。下請けの場合、ネ

ガティブな意識を払拭させ、社員の自信を高めさせる努力も大切である。群馬県のスプリング・板バネ製造業〈中里スプリングス〉では、従業員に自信・誇りを持たせるため、条件付きで不適切な取引先顧客との取引打切を制度として認め、ストレス原因の除去によるモチベーション管理を実施している。

　本セルでは、まず従業員への待遇を最優先に考えることが戦略実行の一歩目になろう。

2-2.【セル2：新規市場・既存製品】の戦略課題

　次に新規市場に既存製品で勝負をかける本セルで中小企業の実践に適した戦略は何か。新興国を中心に展開される市場開拓が典型的な戦略であるが、結局行きつく先は価格競争だ。新たな国や地域に打って出る空間的広がり以外に方法はないのか。ここで参考になるのが、マーケティングにおけるポジショニング手法である。ポジショニングとは、当該製品の特性、価値などを顧客が認知できるよう、市場内における製品の明確な位置づけを行うことだが、当初行ったポジショニングが永く有効であるとは限らない。現状維持のままでは収益はいずれ頭打ちとなる。そこで、当初のポジショニングを再検討し見直すことで、異なる市場への飛躍や既存カテゴリー拡張を通した市場開拓が可能だ。ポジショニングを見直すには、資本力よりも想像力が必要となる。

　例えば、値下げ販売などでブランド価値の低下が危惧された〈ネスレコンフェクショナリー〉のチョコレート菓子「キットカット」はゴロ合わせの"きっと勝つと"にちなんで縁起を担ぎ、受験や試合時の「お守り菓子」という新たなポジショニングにより新市場を創造した。当初普通のビタミン剤として販売開始した製品を、しみ・そばかす解消の美白促進剤としてポジショニングを見直し成功した例などもある。

　中小企業への適用事例として、新潟県で生活雑貨の企画・販売などを手がける〈アーネスト〉が開発したソバ用の海苔を細切りできる多重刃ハサミの売上は不調であったために、簡易シュレッダー用ハサミとしてポジショニン

グ変更をするや否や、一躍ヒット製品へと転じている。

　これらのやり方は、ドメイン（事業領域）にも適用できよう。ポジショニングと同様、企業成長には近視眼的思考を回避し、当初に定義したドメインを時間経過に伴い再定義する戦略も有効となる。

　商業印刷を中心に板橋区で総合的な印刷製品を提供している〈プロネート〉では、複合メディアの印刷技術を強みとしているが、特に注目したいのはプロモーション分野に事業が展開されていることだ。これは提供する付帯サービスの拡充という形で進む。例えば、依頼を受けた製品のセールス・プロモーションの企画・運営を行い、イベント期間中には大型ショッピングモール内へスタッフを派遣している。一部社員が広告会社へ短期出向しノウハウを新たに学ぶ。一般的に、プロモーションビジネスの多くは、企画・運営はイベント会社に委託され、それに必要な印刷媒体は別途、印刷会社に発注されてきた。そのため、急な仕様変更などへの対応が鈍いのに対し、自身が印刷会社の同社では迅速で柔軟な対応が可能となり、この機動力が強みとなる。プロモーション市場という新たな市場を創出し、まさに印刷業から"印刷メディア・ソリューションサービス業"と呼べるドメインの再定義である。新たなドメインを認知浸透させる活動が効果を左右するだろう。

　再定義したドメインの実行はトライ・アンド・エラーの繰り返しとなるため、手続きが多く機動性に劣る大企業よりも、迅速な意思決定が行える中小企業の実践に適した方法ではないだろうか。

　まとめると、中小企業による実践に適した戦略課題としてセル2でフォーカスされるのは、それまでに自社が設定したドメインやポジショニングを再定義する「リ・ドメイン（ポジショニング）」である。

2-3.【セル3：新規市場・新規製品】の戦略課題

　次に新規市場に新規製品で勝負する不確実性の最も高い本セルは、資本規模を勘案すると、中小企業には選択し難いセルであろう。特に事業連鎖型のモデルは、多額の投資資金を必要とするため中小企業向きの方法とは言えな

い。消費者主義に基づき東宝グループを興した小林一三による事業連鎖型のビジネスは、複数の事業で構成されるアソートメント型とも呼ぶべき方法だが、多額の投資資金を必要とするため中小企業向きの方法とは言えない。

　投資金額を比較的抑えかつ成功の確率を上げる中小企業の実践に適した方法は、これまでに培った自社の経営資源を範囲の経済性を効かせ援用することである。Penrose（1995）が述べたように、未利用資源の活用も企業成長の源泉になりうる。資本規模の小さい中小企業にとっては、製品・サービスと保有資源を新たに連結させる戦略が生命線となり、その効果的な"組み合わせ"を考え、市場に受容されるアイデアを検討していく以外に方法はない。そのための具体的な方法を整理してみよう。

　保有資源の中で中小企業が大企業に対して優位性を発揮できるものは、特定分野での特殊な技術ノウハウとニッチ情報であり、新製品・サービスとの連結方法をこの点から考える。

　初めに技術ノウハウの利用であるが、これは最も実践されるケースの多い方法であり、製造業・サービス業を問わず、技術ノウハウの利用は広く行われている。

　ここでは優良な成功例として、まず大企業における秀逸な援用からヒントを得たい。

　もともとミシンが主力製品であった〈ブラザー工業〉は、古くはミシン製造の構成要素であるモーター技術を同じ家電分野の扇風機に、ミシン針の繊細な動きをオフィス分野のタイプライターに援用した。さらに同社が与えてくれる有益な示唆は、失敗した製品・事業の技術さえも新製品開発には援用可能だということである。電話回線を利用し、初のゲームソフト配信事業に進出したが、結果失敗に終わった。ところが、ここでの技術ノウハウは通信カラオケ事業（ジョイサウンド）で見事に援用され大成功を収めている。かつて失敗した技術の援用も成功要因のひとつとなり、同業であったミシンメーカーが苦戦する中、同社は持続的な成長を続けている。

　また、ウィスキー事業で培った水に関する技術ノウハウを活用して緑茶飲

料をヒットさせたケースなど製品間における援用は多いが、製鉄業で培った数理的技術ノウハウを最新の金融工学に援用してソリューションビジネスといったサービス分野に活かすパターンも技術ノウハウの利用では見られる。

　技術ノウハウを直接的に利用した中小企業の事例として、愛知県にある柔道着メーカーの〈タネイ〉がある。柔道着の素材「刺し子織り」生地をそのまま使用してバッグを作っている。このケースは、柔道着の縫製技術の活用であると同時に生地という原材料自体も転用し、丈夫であるという柔道着のイメージさえをも活用していることになる。

　より独創的な中小企業の事例として、大田区で精密板金加工やエレクトロニクス実装装置などを製造販売する〈大橋製作所〉の新製品「数楽アート」がある。「数楽アート」とは、創業から培ってきた金属加工技術によって、数学における２変数関数を立体化した世界初の"ステンレス製アート・オブジェ"である。具現化された関数の軌跡どおり切断したステンレス鋼板を手作業による熟練職人の匠の技で格子状にすることで、美しいフォルムに仕上がっている。感性面を訴求したユニークな切り口の技術援用と言えよう。

　次に、情報資源の援用だが、情報の範囲は広いため、ここでは企業の持っている顧客情報を挙げる。情報資源の援用は技術資源と比べ実践数が少ないが、地域密着度の高い中小企業にとっては大企業が把握できかねる地元のニッチ情報が入手しやすく有利な方法だ。例えば、単身高齢者や育児主婦層を対象にニーズ情報を活用し、御用聞き宅配や生活サポートなどの新サービスを創造する地元スーパーや電気店の取組などに見られる。

　以上、保有資源の援用による戦略を概観したが、このセル３で中小企業の実践に適した戦略課題は、既存保有知識を有効に援用し、新製品に結びつける「知識連鎖」である[2]。

　新製品に占める既存知識依存度および新製品が既存製品と同質的か異質的かの連鎖近似性により製品ポートフォリオが組める。〈大橋製作所〉は異質的連鎖かつ知識依存度が低く、〈タネイ〉は同質的連鎖かつ知識依存度が高いため、両社は対極のケースとなろう。一般的には連鎖近似性が同質的か知

識依存度の高い場合、ブランド展開などが容易で販売の不確実性は低下すると思われる。

ただし留意すべき点は、資源分散による競争力低下など負のシナジーの回避となり、新製品・新市場を選択する意思決定に何らかの基準を設定することが必要だ。決定に関する基本的指針を定め、これに沿わない開発には着手しないことが厳密に守られていればブレは減少する。特に中小企業の経営トップは社員との距離が近いというアドバンテージを有するため、このような行動指針を末端にまで浸透させやすい。

2-4.【セル4：既存市場・新規製品】の戦略課題

最後のセルに移ろう。既存市場に新規製品で勝負する本セルでは、顧客価値の高い新製品をいかに生み出すかが問題となる。新規のモノづくりに直接関わり、セル3と比べて実行頻度が高いため、本セルの戦略課題は能動的な顧客創造を行う中小企業にとって最も重要になろう。

今日のような市場の成熟化や消費不況の中でも売れる製品は確実に存在する。製品の機能的側面に注目すると、例えばトイレットペーパーに不可欠な機能は、肌に優しい素材や2枚重ね仕様といった実用的な使用価値でこれを機能的価値と呼ぶことにする。

中央区築地にある歯磨き粉製造業〈サンギ〉では、「アパガード」という製品を開発することによって、歯磨き粉というコモディティ製品に「丈夫で美しい歯」という属性カテゴリーを創造することに成功している。ハイドロキシアパタイトという人間の骨と同じ成分に着目し、それまでの研磨タイプのように歯を削るのではなく、再石灰化させることで虫歯を予防するとともに白い歯を維持できる効能をCM中心に訴求した。成熟した歯磨き粉市場に新しい使用価値を提示したことになる。

一方で、今日の成熟市場で機能面以上に関心が高いのは、デザインがもたらす感性的な側面であり、感覚、感情、意味を包含する感性面にかかわる価値のことを感性的価値とする[3]。製品差別化が容易ではない市場環境下にお

いて、感性的価値を変数として導入する試みは、間違いなく企業にとって効果を生む差別化の手がかりとなる。

　ここで注視すべき点は、"用の美"という言葉が表わすように本来、機能的価値は感性的価値と完全には分離できない。製品がどのように機能するかは結局デザインの範疇に帰することとなる。したがって、デザインとは機能的価値と感性的価値の双方を満たす概念となり、素材の良さなどもこれに含まれるが、本章ではデザインを「表層的造形だけではない総合的計画であり、人間行為の普遍性を表象するもの」と定義する。

　それではデザインにより製品を創造する中小企業の実践事例を見てみよう。

　板金加工をはじめ、精密機械加工や旋盤などを行う大田区の〈渓水〉は、ジュラルミン製カバンを中心とした「AERO CONCEPT」という自社オリジナルブランドの製造・販売を行っている。培ってきた板金加工技術を活かし、ジュラルミンを極限まで薄く仕上げ、その形状を保つためにジュラルミンを折り重ねて穴を開けることでカバンの軽量化が実現される。また、「NORO」ブランドで知られる愛知県の高級手編み用毛糸製造業の〈野呂英作〉では、現在でも全行程のほとんどを手作業で行う。機械に頼らざるをえない精紡作業でさえ、旧式構造の機械を利用し、じっくり紡ぐことで素材の風合いや色合いを大切に守っている。いずれも、単なる高級路線とは異なる本格性追求のモノづくりであり、機能的価値と同時にスタイリッシュやぬくもりなどの感性的価値も提供したデザインによるモノづくりとなる。

　ゆえにセル4で中小企業が着目すべき戦略課題は、顧客が製品に見出す価値を探求し、とらえ、それを満たす「デザイン主導」による製品の開発（モノづくり）である。デザインはコモディティ化を防ぎ製品差別化を可能とするが、その生産手段が資本ではなく知識、つまりデザインの源泉となる経営資源は発想力・洞察力といった知的資源であるため、規模の経済を利かせた資本力優位の勝負になりにくく、大企業に中小企業が劣らぬ方法となる。独立志向で個性を重んじるデザイナーの特性から、そもそもデザイン会社の場

合、実際にスモールオフィスの拠点が選好されやすく、あまり大規模化しない傾向があるため、デザイン主導の戦略は中小企業と親和性の高い課題として考えられる。

3. デザイン主導による新たなモノづくり

　これまでの議論を要約したものが以下の図3-1である。あくまでも効果が相対的に高い課題の提案であり、各課題を複合的に組み合わせることも中小企業の持続的成長には必要だろう。2003年の大阪府立産業開発研究所の調査では、新規事業追加により売上が増加した企業と減少した企業の割合がともに35％程度という結果が示されており、新規市場進出の難しさが伺える。

　そして本章での結論的な提言は、能動的な顧客創造を行うために、資本規模の制約を受けず大企業に対して劣位とならない新たなモノづくり（製品開発）を、やはり規模の制約を受けずに実践できる戦略課題のデザイン主導により中小企業が推進することである。デザインは大量生産大量販売のシステムに立脚せずに高い付加価値を創出することができる。

　新たなモノづくりで考えるべきは、物質文明を至上とする産業主義的経済の終焉だ。脱工業社会の概念を提唱したBell（1973）に従えば、価値観の転換が求められる。大量生産消費社会は廃棄物問題をはじめ環境破壊を押し進め、多くの製品は使い捨てされた。反面、地球規模で見ると深刻な貧困問題が生じている。環境や貧困問題の解決は人類に課せられた大きな宿題であり、人間本位でモノとの関係を省みる必要に迫られよう。また、経済がグローバル化するほど、地域性を反映した文化が製品の付加価値を生む基盤になり

図3-1　中小企業の実践に適した戦略課題の類型

	既存製品	新規製品
既存市場	セル1：品質精度型	セル4：デザイン主導型
新規市場	セル2：リ・ドメイン型	セル3：知識連鎖型

うる。文化は人間固有の心情と融合し、固定的・画一的なものと対極に位置する。これより21世紀の新たなモノづくりにおいては人間性（humanity）と文化の尊重が復権される。人間性と文化を尊重する新たなモノづくりの特徴は、量産原理によらぬ独創的な製品が追求され、資本力が圧倒的な強みとはならず、中小企業に大企業と対等な競争機会が生まれることである。地域経済の担い手である中小企業は、その多くがローカルな存在であり、文化は地域コミュニティに根ざすため、本来文化的なモノづくりには強みを有する。

　一方、デザイン史の潮流を見ると、産業革命以前、ヨーロッパのモノづくりはギルド（工匠）制度下の職人により行われ、それぞれが自由に造形や装飾を行うことを原則的に禁じ、この時点でデザインという概念は存在しない。産業革命によってギルドが解体され、ギルド職人が減ると同時に工業化進展の中でデザインという概念が生まれる。20世紀初頭にデザインと工業製品を結びつけるドイツ工作連盟（DWB）が結成され、その後1930年代、建築における世界的統一デザインである無機質なインターナショナル・スタイルは装飾性を排除する方向に進む。いわゆる近代デザインの主な特性はインターナショナリズムに現れる無国籍性であり、歴史、慣習などに基づく地域や民族固有の文化を軽視した。ところが、科学万能の信奉から生まれた近代合理主義・機能主義としてのモダニズムは1970年前半に崩壊し、ポストモダン思想以降、あらためてデザイン思想の中に人間固有の心情や民族的アイデンティティについて考える傾向が高まった。まさに今日のデザイン思想こそがこの人間の固有性（心情）と地域・民族の固有性（文化）を志向する試みであり、新たなモノづくり視点と合致する。よって新たなモノづくりをデザインが主導することになる。デザインは人間固有の豊かな心情を育み、使う人の気持ちを深く親身に考えたものとなり、すでに貧困地域での製品設計のために人間尊重のデザインは実行されている。

　日本人の固有性に基づく製品デザインをすでに実行している中小企業の取組事例がある。

　台東区にある生活用品の企画製造・卸売などを手がける〈アッシュコンセ

プト〉では、多数のデザイナーとのコラボレーションによる製品化を進めている。代表的な「アニマル・ラバーバンド」は輪ゴムが動物の形になるように製作される。捨てることを躊躇わせるためだ。パッケージ裏面に輪ゴムの動物が訴える「僕を捨てないで！」との記載がある。使い捨てにされやすい輪ゴムが、少しでも長く愛着を持って使用されてほしいとの思いやりが込められているエコ発想のデザインだ。デザインによる差別化では、製品に込めた作り手側の価値観をいかに伝達するかが鍵だろう。筆者ヒアリングの中で同社創業者は、日本人が固有する"思いやり"の心は世界に誇れ、デザインへ積極的に取り込むべきと語る。この事例はまさに、日本的文化および人の心情という固有性を取り込んだデザインによるモノづくりに他ならない。

4．新たなモノづくりのための対応策モデル

4-1．解決すべき問題点

　デザインによる製品の開発が中小企業の新たなモノづくりの起点となることを確認した。
　それでは、我が国製造業の比較優位が低下する中、効率性ありきのモノづくり発想から脱し、人間本位の新たなモノづくりを行うには、実際にどのような手段が必要だろうか。このためのひとつの可能性として、本格性を追求する職人的な高度技能者の活用がある。技能者という人的資源は企業競争力の鍵となる。技能者が帰属する中小企業の多くは高度技能をもとに能動的な顧客創造を行っているが、技能者から知識を吸収し、製品デザインに取り込んでいくフローが新たなモノづくりでは大切である。逆に、技能を活かしきれず、方向性を模索している企業も現在一部に散見され、廃業が危惧される伝統工芸者などは、デザイン主導によるモノづくりに再生の可能性を見出すべきだ。
　先述のウィリアム・モリスが中世ギルド職人の造形精神への回帰を目指し

たように、高度な技能価値が製品に反映されれば、人間本位の本格的なモノづくりが期待できる。よって国内中小企業の職人的な高度技能者の確保が問題となる。高い水準でデザインされた製品の採算面を視野に入れ、一部の伝統工芸のような衰退を回避すべく、事業が成り立つ一定以上の生産量を確保することも問題となる。ただし、技能者に高度なデザインを課すことは困難なため、デザイン専門者との分業体制が前提となろう。デザイン水準が向上するほどに製造過程の難易度も増し、より高い技術と創意工夫が必要になり、高度技能者であっても現状維持のままで対応することは不可能だ。ここでデザインと技術レベルの乖離を埋めどう均衡させるかを考えねばならない。

　図3-2にまとめた問題の解決には、高度技能保有者を有効に活用し束ねる仕組みづくり、具体的には、技能者が属する中小零細企業や工房の組織化による対応が必要だ。

　我が国におけるモノづくりの弱みとして、異種の多様な個別要素技術を組み合わせる統合能力に劣っているとの指摘がある。国内で独特なフォルムの電動バイクが話題となった、工業製品のコンセプトや製品企画を手がける〈ツナグデザイン〉（本社：東京都杉並区）では、デザインを起点として複数の中小企業が持つ高度な技術を束ね、個々の技術が結集された成果物として製品を市場化することを目的としている。閉鎖的な世界で存在する技術を組み合わせ、つなぎ合わせる（出会う機会をつくる）役割をデザインが担うことになる。異なる中小企業が保持する高度技術が新製品の誕生に不可欠と考えられ、デザインを介し技能者を巻き込む組織化のヒントとなる。

図3-2　新たなモノづくりの解決すべき問題点

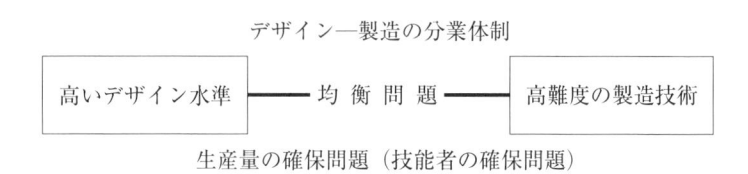

デザイン―製造の分業体制

| 高いデザイン水準 | ―― 均 衡 問 題 ―― | 高難度の製造技術 |

生産量の確保問題（技能者の確保問題）

次に参考になる海外事例として、オーガナイザーとなる企業は製品の基本的デザインのみを行い、生産工程ごとに技術が高く信頼できる工程専門メーカーを厳選しこれに生産委託するイタリアの地域内分業構造による水平的ネットワークがある。例えば、オーガナイザー企業の〈ベネトン〉は北イタリアヴェネト州トレビーゾ近郊のアパレル産地の中小企業ネットワークに基盤を置く。ロンバルディア州コモやトスカーナ州プラートなどの産業地域にも多くの中小企業が集積し有機的にネットワークされ、伝統を活かすデザイナーと職人的技能を持つ専門加工メーカーが分業体系を構成している。これと同じように、我が国の例として、東神田に本社を持つ〈吉田かばん〉がある。同社の2011年度の売上高は129億円、約3,000種類の製品を扱い、不況の現在でも国内だけで年間約157万個を販売している。オーガナイザー中小企業としての同社では、本社企画室に十数人のデザイナーを抱え、値下げをせずとも販売可能な価値を常に維持し職人の工賃を確保しているが、一貫生産すると製品に面白みがなくなるとの理由で自社工場を持たないという。デザイナーは丈夫で使いやすいなどの機能を包括した製品デザインに徹底的にこだわったモノづくりを目指す。そのため、同一製品を全国で約80ある複数の零細企業・工房で製造しており、ある程度まとまった数量の生産が可能だ。かばんの製造は縫製・裁断の職人と皮革やパーツなどを扱う卸業者を含めた分業体制で行われ、皮革などの卸業者も革製造を革加工業者に委託し、デザイナーと加工業者間の翻訳を担うブリッジ機能として調整力を発揮している。中小企業の組織化は、やはり資本規模による制約を受ける。資本注入を前提とした組織化は困難であるため、ここでネットワーク化という手法の可能性が高まる。部門を超えて継続的な交換のもとで緩やかに結合する組織をネットワーク組織と呼ぶが、ネットワーク化には多大な投資が要らず、従来から地域に密着した産業集積のネットワークは中小企業の強みであった。本章が立脚する戦略と組織の概念フローは図3-3のとおりである。次では技能者を活かすネットワーク化における中小企業の強みについて検討しよう。

図3-3　戦略と組織の概念フロー

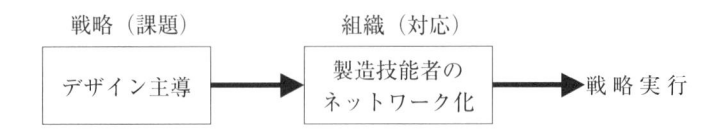

戦略（課題）　　　　　組織（対応）
［デザイン主導］　→　［製造技能者の
　　　　　　　　　　　ネットワーク化］　→　戦略実行

4-2. モノづくりを実現する情報循環プロセス

　企業が持続的成長するためには、企業規模にかかわらずイノベーションが不可欠であり、特にデザインによる創造をし続けるためには必須となる。クオリティの高いデザイン水準を満たすための技術的難度は高く、いかにしてデザインの高い付加価値と技術を均衡させるかが命題だ。この均衡問題を解決する鍵となるのはネットワークを介した情報の流れだろう。これを踏まえ、難度の高い製品化を可能とする、大企業にはない中小企業の強みを考えてみたい。先の〈吉田かばん〉ではデザイナーが職人へ提示する要望レベルが他社と比べ極めて高く、双方間の濃密なやり取りの中で職人が常に精進しながらレベルアップさせた技術を駆使し、一層高い水準でモノづくりを実現している参考とすべきモデルとなる。このようなモデルが可能となるのは、職人たちが同社のモノづくりに対する姿勢に共鳴し、そのネットワークの帰属に魅力を感じているためだ。

　このイノベーションや高い次元でのモノづくりの実現に関し、組織のネットワーク理論をもとに専門化と分業を実践する仕組みを示して本章をまとめたい。

　Polanyi（1962）は、知識伝承としての文化の役割に注目し、文化に内在する共同的知識を社会関係資本ととらえた。日本を代表するデザイナーの原（2011）は、今後のモノづくりにおいて美意識こそがわが国最大の経営資源になることを主張するが、美意識は社会関係資本となる。三井（2008）によれば、古来より日本人は不動の対象よりもはかない対象に美を見出し、これが非対称を好み不完全な形や自然現象に惹かれることに通じ、非対称が生む余白の美とも言える日本人固有の美意識があるという。新たなモノづく

りには、この美意識という中核的な文化基盤の存在が必須となろう。

　いわゆる長期的な社会関係という便益を組織にもたらすネットワークも社会関係資本となるが、固有のつながりを有するネットワークには文化の共有によって協力関係を相互発展させる機能がある。ネットワーク組織では独立した組織の協働が柔軟な調整を可能とし、情報を組み合わせやすく適応力に優れ、競争を通じて適切な専門分化が図られる。

　Granovetter（1985）は社会関係が信頼を生む源泉としており、企業間提携では担当者がネットワークに有する関係の良好さが組織間学習を促進するとIngram（2002）は指摘する。これらの見解は、経済活動がネットワークを通じて社会に埋め込まれることを表す。特にUzzi（1996）は経済の継続的な取引関係ネットワークを「埋め込まれた紐帯（embedded ties）」と呼び、これが文化・価値・情報を共有する産業では重要な関係資源になるとした。

　以下に、中小企業による新たなモノづくりに向けた組織化の実践枠組みを示そう。

　ネットワーク組織内での中小企業の優位性として、高い凝集性のもとでの中小企業間における連帯性の強さに着目したい。社会心理学において、集団凝集性とは構成員を集団にとどまらせるように作用する力の総量をさし（Festinger, 1950）、これが高いほど構成員は集団目標に向かって努力し、業績に向けた規範が高い場合、凝集性の高い組織はより生産的となる（Robbins, 1997）。また、Carron（1982）など凝集性を多次元でとらえる立場では、対人凝集性（構成員間が好意を持つ）と課題達成凝集性（個人目標が所属により達成できる）に区分される。技能向上の欲求を常に持つ職人的な技能者には特に課題達成凝集性が重視されようが、規範の高い新たなモノづくりでは凝集性の高さが成果につながると仮定できる。高い凝集性が成果につながる理由として、Krackhardt（1992）の言う内部の強い紐帯（ties）[4]、つまり組織構成員間の連帯感が強いことが考えられる。高い凝集性のもと、組織間の「協働における連帯性」が、問題意識・行動パターン・情報の移転や共有を促進しよう。そして、大企業にはない中小企業固有の特性である、

狭い地域内の少数顧客との身体的・精神的な「近接性」(黒瀬, 2012) は強い連帯を生む。この強い連帯性は、文化を基調とする場合に欠かせず、中小零細企業のネットワークにおける強みとなる。また、職人的精神でのモノづくりという同じ価値観・理念の共有・共感が凝集性を高めネットワーク内の連帯強度が強まるだろう。埋め込まれた紐帯の関係強化機能により、中核的な文化基盤が共有されると価値観・理念の共有も進む。価値観の共有は利害だけの依存関係とは異なり取引当事者間に信頼感を醸成し、この信頼も凝集性を高め連帯性の強度を向上させる。さらにまた、強い連帯性が文化基盤の共有化をより堅固にしていくといった作用のループが永続的に続くのだ。

Hall (1976) の提唱した価値観の文脈共有度が高い (high context) 文化を背景に、コンカレント・エンジニアリングのような、細部まで繊細な配慮で他社と連携調整する"すり合わせ"能力の限界が近年の日本企業の苦境に対し指摘される。確かにデジタル家電に顕著なとおり、アーキテクチャー上のモジュール化の進展は、同質性を前提にこれまで特に中小製造業の強みであったすり合わせの有効性を低下させる面を持つ。しかしながら、すり合わせを共通基盤部品などのプラットフォーム構築に活かす新たな運用法も提唱される (柴田, 2012)。本章では、中核的な文化基盤 (美意識) の共有を背景にデザインと製造の組織間で行われる、モノづくりに必要な情報 (暗黙知・形式知) のすり合わせ＝情報循環が効果を発揮するとの立場をとる。そして中小企業がネットワークの中で行う情報のすり合わせが効果を生む根拠が情報の粘着性の存在だ。粘着性 (stickiness) とは知識の移転難度をコストで示す概念であり、Von Hippel (1994) が提唱した情報の粘着性とは、ある場所で発生した情報をそこから別の場所へ使用可能な状態で移転する際に必要なコストを指す[5]。移転コストが高い状況を粘着性が高いと言い、暗黙知の存在などは粘着性を高めるが、この仮説では移転容易な (粘着性が低い) 場所でイノベーションが発生するという。強い連帯での情報循環による濃密な相互作用は粘着性を低下させ、イノベーション発生率と情報の生産性を高めるのである。

これまでの議論をまとめ、中小企業のネットワーク化の中で、技能者を活かしたデザインによる製品の開発を、情報循環の中で可能とする仕組みを示したい。

　まず情報の発信主体であるオーガナイザー企業（デザイナー）側が機能・感性的価値と固有性志向に基づくデザイン設計を行い、製造担当企業側へ製造に関する要望情報を投げかける。これに対して、製造側から反応情報が戻される。この反応情報（強度上の仕様変更要請といった技術的内容など）を受けたオーガナイザー企業は製造側の反応情報を踏まえ、仕様を一部変更するなどの対応を行い、これを対応情報として再度製造側に戻す。製造側はオーガナイザーが示した更新点（対応情報）を反映させこれに適応し、製品化に向けた最終的な仕様を適応情報としてオーガナイザー側に再び示す。このような水平的な情報循環のプロセスは、オーガナイザー企業が製造担当企業からの情報の引き込みを意図的に狙う情報の誘導[6]を通して、双方の思惑におけるズレや乖離を解消していくプロセスとなる。強い連帯性が循環を促進させ取引の正常化と共同解決を目指すものだ。この循環促進は暗黙知などの移転をも可能とするために情報粘着性を低下させ、イノベーションを発生しやすくする。

　なお、今井・金子（1988）は、動的な「その場その場で発生する情報」のことを場面情報というコンセプトで提唱したが、反応、対応、適応情報は全て場面情報としてとらえられる。黒瀬（2012）は、優れた場面情報の発見能力を持つために中小企業は発展可能であるとし、市場競争の本質は情報発見活動であり企業の本質も情報発見システムとなるため、未利用の機会を察知[7]できる場面情報の重要性を指摘する。

　以上より中小企業のネットワーク化は、高度技能者と生産量の確保を達成し、その強い連帯性がイノベーションなどにより均衡問題を解決させることでデザインによる製品の開発を可能にする[8]。オーガナイザー企業は仮説的な機能・感性的価値を満たすデザイン案をまずは要望情報として提示し、情報循環プロセスの中の試行錯誤を通してモノづくりは進められる。本章での

議論を総括したものを以下の図3-4に示す。

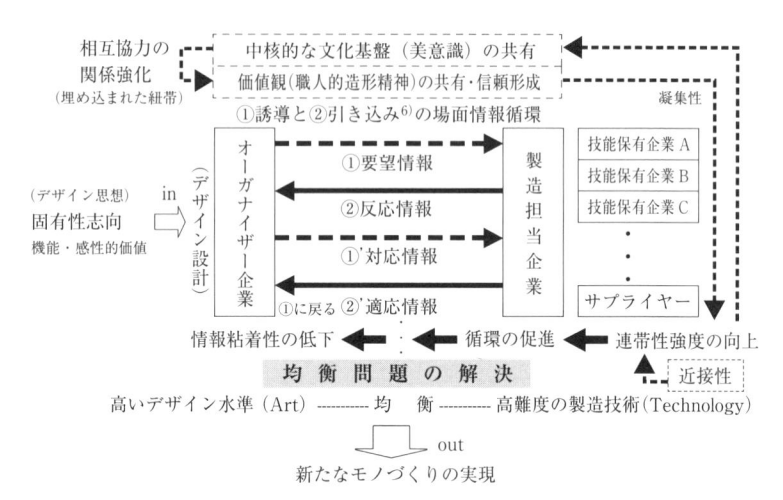

図3-4　デザイン主導による製品開発モデル

```
                  ┌─────────────────────────────────┐
相互協力の    ┌──▶│ 中核的な文化基盤（美意識）の共有 │◀──┐
関係強化  ---┤    │ 価値観（職人的造形精神）の共有・信頼形成│    │
(埋め込まれた紐帯)  └─────────────────────────────────┘    │
                  ①誘導と②引き込み6)の場面情報循環           凝集性
              ┌──┐                      ┌──┐   ┌─────────┐
              │オ│ ──── ①要望情報 ────▶│製│   │技能保有企業A│
(デザイン思想) │ー│                      │造│   │技能保有企業B│
    in  ⇨ (デザイン設計) │ガ│ ◀─── ②反応情報 ────│担│   │技能保有企業C│
固有性志向    │ナ│                      │当│   │     ：      │
機能・感性的価値│イ│ ◀─── ①'対応情報 ────│企│   │     ：      │
              │ザ│                      │業│   │ サプライヤー │
              │ー│ ◀─ ②'適応情報 ──────│  │   └─────────┘
              │企│ ①に戻る               │  │         ▲
              │業│                      │  │         │
              └──┘                      └──┘         │
         情報粘着性の低下 ◀──── 循環の促進 ◀── 連帯性強度の向上
                     均　衡　問　題　の　解　決          近接性
       高いデザイン水準（Art）---------- 均　衡 ---------- 高難度の製造技術（Technology）
                              ⇩ out
                      新たなモノづくりの実現
```

5. 結び

　本章では、中小企業の能動的な顧客創造・維持に向けた戦略策定について、企業戦略の枠組みの下で実践に適した戦略課題を検討した上で新たなモノづくりを目指し、製品のコモディティ化を回避できるデザインに着目した。デザインとは製品の機能的価値と感性的価値を同時に満たすものであり、人間の固有性と地域・民族の固有性の志向が現在主要なデザインのテーマとなる。そして新たなモノづくりの実現に向けて、難度の高い製品化を可能とする具体的な対応策として、高度技能者に依存するネットワーク組織のもと、中小零細企業の有する強い連帯性が情報循環を活性化し、製品が創造されるモデルを提示している。

　製造にどのような高度技能者が適するかを見極め、未活用の技能を発掘すること、職人的気質を理解し内発的動機づけを行うことはデザインを担う人

材の大きな仕事である。

　良いデザインには中核的な文化基盤が必須となり、高度な技能とは文化に裏打ちされたものだ。固有性を尊重する経済社会を可能とするキーワードはデザインによる製品の開発と組織化による情報循環の活性である。

　固有性を重視し、文化を経営へ活かすには、経営者にどのようなスキルが求められるか。これまでのように経済や法律会計知識を理解していれば十分なのだろうか。

　〈アップル〉では社員に芸術的な探求姿勢を常に期待しているという。その創業者スティーブ・ジョブズ氏はCAO（Chief Aesthetic Officer）として紹介されている（『Fortune』2000.1号）。審美性（aesthetic）を中心にマネジメントを行う、つまり経営者のスキルに審美的能力や美意識を持ち込むということだ。科学技術ならぬ、ArtとTechnologyを融合したアート技術が企業経営に求められる。そのために経営資源をイノベーションに活かす実践手段としてデザインをとらえるべきで、デザイナーを束ねる求心性がCAOの大きな役割となるだろう。〈アップル〉でのモノづくりは経験づくりと言われるが、これは文化を背景とした思考や行動パターン、感情・イメージの想起を利用した経験のデザインである。デザインには内省的な観察・洞察を行い対象の本質を理解することが肝要で、このため中小企業経営者にも審美的能力が不可欠となる。

　ゆえにこれからの中小企業経営者には審美的資質が期待され、そのためにアート的思考法をとおして美意識を学習すべきだろう。この美意識の高さは取引関係においても信頼を高める源泉になり、製品デザインに秘めた人への思いやりを外部に伝えていくことが今後経営者の大切な役割となる。

(注)

1）成長を実現すべく事業を方向づけ、経営資源を配分する企業行動を示す全社的な戦略を企業戦略とする。
2）Nonaka and Takeuchi（1995）に従えば、技術ノウハウとニッチ情報はいずれも顧客創造という明確な目的のために存在するもので、これらは知識と呼べるだろう。
3）製品による匂いのような感覚器への訴求、製品に対する"かわいい"といった消費者感情の生起、消費者が行う製品への意味づけを指す。企業の開発意図に反して市場に受容された製品は数多く、消費者の感性による製品への"意味づけ"の理解は重要となる。かつて、野性味をアピールしたい若者層は、当初オフロード用に市場投入された4WDのラウンドクルーザーで渋谷という都心を走行することに意味を見出した。
4）一般的に強度は接触や交換頻度で測られる。本章では、「連帯」をよりふさわしい概念として用いる。
5）粘着性を移転コストだけで表すのは不十分との指摘もある。例えば、Szulanski（1996）。
6）嶋口（1997）に基づく。本章では、イノベーションが偶発性により生じると仮定する。
7）Kirzner（1973）は、このことを企業家活動ととらえている。
8）Granovetter（1973）が提起するとおり、ネットワークの弱い紐帯がイノベーション発生に影響するとの報告がある。強い紐帯のネットワークの情報が同質的になるのに対し、弱い紐帯では異質で多種類の情報が入手しやすいことが根拠とされる。ここでは、イノベーションの次元によって効果的なネットワーク特性が異なるとの見方を支持し、本章のモデルの場合、強い紐帯が有効性を発揮するとの立場をとる。

デザイン主導のモノづくりは感性的価値を重視するものである。感性的価値を捉えるには、以下で述べる関係性マーケティング、消費経験マーケティングが有効であり、しかもこれらは中小企業の強みを活かせるマーケティングであることを補足したい。

第3章 補論

マーケティングの潮流と中小企業への適用

　独自市場を創造するには、改めてマーケティングに着目する必要がある。言うまでもなく、マーケティングとは大企業だけでなく、中小企業にとっても不可欠な活動であり[1]、顧客創造を企業の目的と主張する P. ドラッカーにすれば、企業の基本機能ということになる。しかしながら、消費財を中心に多くの大手メーカーによってマーケティング活動は行われ、その画期的な活動は媒体を通じて広く伝達される一方で、マーケティング力に優れた中小企業の割合は相対的に低いものとなっている。中小企業では戦略が明確に立案されないことさえ多いが、本来は中小企業こそ経営トップである社長だけでなく、ミドル層までが直接的にマーケティングに関与して立案していくべきである。

　この補論では、マーケティング研究の流れをまとめることで、今日のマーケティングの枠組みが、大企業よりもむしろ中小企業にとって優位に作用する方法論であることを指摘したい。知名度や資金面などの制約を受ける中小企業向けに、大企業と区分した戦術的なマーケティング手法[2]を提示するものではない。

以下では、これまでのマーケティング研究の流れを整理していく。

1. マーケティング研究の潮流

1-1. 顧客ロイヤルティと関係性マーケティング

90年代に入り、ハーバードビジネススクールのスタッフを中心に顧客ロイヤルティがマーケティングの主要なテーマとして取り上げられ、今日まで経営資産として関心度を増している。

顧客ロイヤルティとはどのような意味なのか。ロイヤルティ（loyalty）を直訳すると「忠誠、忠義、忠節」とあるので、特定企業やその製品に特別な好意を抱くような意味にとれるが、定義自体はさまざまである。ここでは複雑化を回避するために、態度的（attitudinal）ロイヤルティ（購買意図など）は含めず、行動的ロイヤルティを指す反復購買としてとらえ議論を進める。この反復購買の指標に、特定製品に対する顧客の購買継続率がある。

なぜ顧客ロイヤルティが注目されたのだろうか。

特にサービス業の場合、経験財や信頼財であるため、新規客の獲得コストが製造業より高い傾向がある。しかも、一度離反した顧客を再び獲得することは困難である。このために、既存客を維持する戦略の必要性が製造業以上にサービス業において提唱された。

Reichheld and Sasser（1990）の研究からは、顧客の購買継続率が高いほど、つまり取引関係が長く続くほど顧客が企業にもたらす利益が高くなることが報告された。20業種・100社以上の企業調査から、継続年数別に顧客1人当たりの利益額を算出し、継続年数が長いカテゴリーほど、1人当たりの利益額が高い傾向にあることを明らかにしている。また、顧客離反率を20％から10％に減少させると平均継続年数は5年から10年へと伸び、利益フローも大幅に上昇することが報告され、顧客離反率5％の減少が及ぼす現在価値上の利益増加率が、クレジット会社を対象とした調査では75％になるとの結果が示された。

この顧客ロイヤルティを高める重要な要因は顧客満足であり、顧客満足に影響を与える先行要因として製品やサービスの品質がある。Heskett et al.（1994）では、現在"普通に"満足している顧客を"完全に"満足させることで反復購買が可能となる事例が示され、品質、顧客満足、顧客ロイヤルティと企業収益のつながりがモデル化された（本来はサービス業向けであるが製造業にも適用できる）。

　研究上の次の主要テーマに、同じく90年代に隆盛した関係性マーケティングがある。顧客との良き関係性構築のもと、対話・会話の促進などにより発見困難なニーズを解釈し、新たな価値を共創するという方法論である[3]。

　関係性マーケティングは、経済学の取引特定的投資（あるいは関係特定的投資）に代表される取引コストアプローチの影響を強く受けている。取引先企業のために技術や設備を特定化する投資が取引特定的投資となる。自動車生産のカスタム部品などがその典型例だ。取引から取組へと移行するように、製販連携でも取引特定的投資に基づく組織間関係が構築されている。特定の中小供給業者は〈セブン-イレブン〉に限定した生産・物流設備へ取引特定的投資をすることで、同社と専属的な取引を行っている。特に、同社と特定的・継続的な取引を行う中小惣菜・米飯・調理パン供給業者による協働的マーチャンダイジングの取組はPB製品開発の原動力となっている。大量生産・大量消費の時代に行われたマス・マーケティングに代わり、我が国でも古来の商業経済の中では前提となって機能していた関係性というコンセプトに再び焦点が当てられたのである。産業財や流通チャネルなどの組織間関係の領域で活発に議論が進められてきた関係性マーケティングは、消費財を主とする企業と消費者間の関係にまで対象が拡張され、良好な関係づくりを通した共創価値の創出を目的とする。

　取引コストアプローチ以外に、関係性マーケティングのもうひとつの中核をなすのは、社会的交換理論に基づく信頼という概念である。本来は経済的行為である交換という過程の中で、"相手を信頼する"社会的な感情が生起することが社会的交換だ。Sako（1992）によれば、取引関係における信頼

とは、①契約的信頼、②能力的信頼、③善意(goodwill)的信頼の3タイプとなる。人間関係での信頼が中心となるソフト資産は社会関係資本(social capital)と呼ばれるが、3タイプのうち、真の意味での信頼を指すと思われる②と③が特に重要となろう。②の能力は、要求されている品質を期待どおりに提供するという信頼を与えるために必要な能力である。つまり、中小企業が有する技術力等に対しての信頼で、③の能力は実際に中小企業がとった行動自体によって示される善意に対する信頼となる。粉飾決算や食肉偽装などの行為はこれを裏切ることになる。この信頼を考慮すると、取引先を含めた顧客と企業との間に信頼関係の構築による社会的交換が存在することが不可欠となり、その信頼関係が強固であるほど顧客ロイヤルティが向上する。これに加えて先行研究からは、信頼とコミットメント(commitment)によるネットワーク関係構築の重要性も指摘されており(Morgan and Hunt, 1994)、コミットメントも通常は社会的交換に含まれる概念となる。そして、社会的交換の存在は顧客満足につながると同時に、顧客満足が社会的交換を促進・強化するといった相互作用が働くことが仮定できる。品質が保証されてこそ、企業への信頼やコミットメントも高まるという意図で、ここでは品質を社会的交換の先行要因に位置づけよう。これまでの議論を、売上・利益に影響を与える顧客ロイヤルティの先行要因を顧客満足と社会的交換とし、この2つの要因が相互作用の関係にあるモデルとしてまとめたい(補図3-1)。モデル内の品質および品質により構成される顧客価値は認知的な次元に属し、顧客満足および社会的交換関係は感情的次元に属すものと理解する。

補図3-1 外部活動による企業のプロフィット・チェーン・モデル

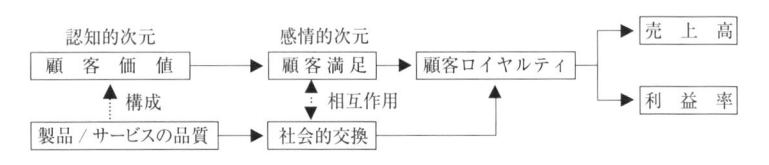

出所：Heskett et al., p.166. をもとに筆者作成

1-2. 消費経験マーケティングと製品価値

　主に既存市場に対して新製品開発を行う場合、企業戦略の下に位置するマーケティング戦略の中でも、需要戦略を中心に進められるのが一般的であった。需要戦略とは、市場を細分化し顧客対象を定めて市場内の製品ポジショニングを行い、4Pのミックスを整合的に統合するもので、このSTP型と呼ばれる需要戦略は多くのヒット製品を市場に送り出してきた。

　しかしながら、高度成長期からバブル期あたりまでは順調に機能してきたSTP型の製品開発は現在岐路に立たされている。80年代にはすでにSTP型による開発の有効性に対して懐疑的な姿勢が芽生えつつあったが、バブルという特別な経済環境下にあった国内市場の中でその批判は学術的領域に留まり、実際の開発現場においてはSTP型が依然として中心的手法であり続けた。だが90年代以降の長期的な不況を通して市場の成熟化が一気に加速し、成長の原動力であったSTP型のマーケティング・マネジメントの限界があらためて指摘されることになる[4]。STP型の手法自体はこれからも存続し大いに役立つと思われるが、この手法にのみ立脚していては市場に対応しきれないということを強調したい。

　どうして、STP型の製品開発に限界が露呈したのであろうか。その原因にはいくつかの要因が考えられる。ここでは、企業による連続的な製品の市場投入、製品ライフサイクルの短縮化傾向の中で、欲する製品ニーズを顧客自身が具体的に提示することが困難となっている現象に注目したい。生活に最低限必要な衣食住が満たされた時代には、企業側が従来どおりアンケートやヒアリング調査を実施することで顧客ニーズを知ろうとしても、製品開発のための効果的なデータは収集できない。また、消費の欲望が交換をとおして偶発的に顕在化し、事後的に形成されるとの見解もある（例えば、石井，1993）。これが事前に設定する仮説的コンセプトの精度を著しく低下させ、プロモーションをかけて市場に投入しても販売が不調になるメカニズムだ。ライフスタイルが洗練され、適度な製品判断力を有し、自身のこだわりを持つ最近の消費者は、大幅に値下げされても納得のいく価値を見出せない製品

は購入しない。

　だからといって、新製品の創出行為は不況の脱却に欠かせぬものであり、消費意欲が枯渇することもない。その証拠に、長きにわたる消費不況の期間で探してみても、ヒット製品は絶え間なく市場に提供され続けている。そこで確認すべきは、人間の欲望は無限であるため、価値を認められた製品は永続的に購入され続ける点である。そうであれば、STP型のマーケティング・マネジメントに代わりうる、実効性を秘めた新たなマーケティング手法が求められることは自明だろう。

　仮説的コンセプトが市場に受容されるかどうか、企業は市場投入後の動向を継続的に見据える必要がある。それは、購買後の過程の中で、当初の開発意図とは全く別の用途として製品が使用されるケースが起こるためである。顧客は製品に対して、開発者の思いとは全く別の新たな意味を見出す。製品への新たな意味づけを解釈するには、新製品を短サイクルで開発し再投入を繰り返してきた旧来のマーケティング展開ではなく、製品の使用過程の経験に目を向けることが重要となる。

　消費不況の中でもヒット製品があると述べたが、以下では成熟市場で顧客に価値を認められた製品について考えてみたい。

　顧客は製品のどの特性に価値を感じるのか。トイレットペーパーの二枚重ね仕様のような機能的価値についてはSTP型のマーケティングによる製品開発で実現できる可能性が高い。ところが、今日ではコモディティ製品でも、機能面以上に関心が高いのは感性的な側面である。トイレットペーパーに対しても"かおり"が重視される。臭いのような感覚器に訴求することも日用品の開発に必要な時代である。ほとんどの製品がコモディティ化し、差別化することが容易ではない市場環境下において、感性的価値を変数として導入する試みは、企業にとって効果を生む差別化の手がかりとなる。

　80年代の我が国において、大手広告代理店や百貨店を中心に感性消費論が流行した。この時代にイメージ優先の感覚的な訴求が実践されるようになり、ユニクロなど多くの企業に影響を与え先駆けとなる。ただし、これらは理

論化された手法ではなく、作り手の個人的なセンスに依存するものであった。

　理論化という点では、製品開発に感性を利用し、感性の定量化を試みた感性工学による取組がある。感性として扱われる範囲について認知科学では、五官による感覚に始まり、知覚、認知、感情を経由して身体表現までを対象とし、感情より広義な概念となる。被験者が感じたオノマトペ（擬音語・擬態語）表現を数値化し、化粧品の開発に活用するなど、感性工学による試みは心的要素の数値化に重点が置かれる。

　Schmitt（1999）により示された経験価値（experiential value）マーケティングは、緻密な理論は示されてないものの、企業のマーケティング視点がモノからコトに転換する傾向の契機となり、モノ中心の技術志向に苦言を呈したことに功績がある。モノ中心の発想では、自動車では燃費などの性能を訴求することが主要な命題とされた。一方、コト中心の発想では、手段である自動車の使用場面から想像される、楽しかった出来事などの心的経験を訴求することで需要を喚起する。

　問題は、感性的側面に傾斜した製品開発を行うにあたり、実践的に活用できる導入の仕方である。これは学術的なマーケティング研究上の課題でもあった。これまでに行われたマーケティング研究の変遷を辿ると、対象とする製品範囲が拡張されるなど画期的な研究の進展が見られる。よって、特に消費者行動研究の変遷を概観しながらこの問題に答えてみたい。

　70年代中頃までの消費者行動研究の中心は製品の獲得段階である購買意思決定であった。購買意思決定の研究では、消費目的を所与としてブランド選択が注目される。60年代に刺激が反応につながる流れを想定した新行動主義のS (stimulus)-O (organism)-R (response) モデルが登場した。その後、消費者は受け身的な存在ではなく能動的に存在するとの立場から、人間をコンピュータに見立て、消費者の情報処理能力に着目した情報処理系のアプローチに注目が集まり、研究の主流派となった。しかし、このアプローチも、合理性の前提や情報理解能力の過信などが問題視されるようになる。

　この流れを受け、消費概念の拡張が提唱される中、研究対象が製品の獲得

過程から使用過程、さらに廃棄過程にまで広がった。80年代に入り、製品のブランド選択が消費経験に依存するという考え方が新たな消費者行動研究の枠組みとして登場する。

　解釈主義（interpretivism）に基づく消費経験アプローチでは、消費行為を製品から解釈される意味を生み出す文化的なものと位置づけた。所属している社会の文化構造を無意識的に理解する手段こそが消費行為であると考え、社会学や文化人類学をはじめ多くの領域と関連する。このアプローチでは、行動の経験を通して生起する感情を重視し[5]、ひとつの製品であってもコンテクストが異なればさまざまな意味が付与され、多義的（polysemy）に解釈されることが特徴になる。情報処理アプローチでは消費行為の前段階を対象とするのに対し、消費経験アプローチは消費行為全体を対象とし、そこで意味解釈を行うには、使用過程における文化人類学的な参与観察などが効果的な手法として挙げられる。

　これまでの内容をまとめると、全体的なマーケティングの方向性として消費の経験側面が重要視されていることが推察できる。重大な提起は、①製品の使用場面にまで目を向けること、②消費において感性の重要性が今後高まること、の2点となる。

　あらためて製品の価値について確認しておこう。

　ここでは、製品の価値を機能的価値と感性的価値に区分しておきたい。ただし、機能的価値と感性的価値は相互に密接に相関する価値となる。さらに、感性的価値を、認知科学的な感性の定義よりも広く定義し、(1) 感情的要素、(2) 感覚的要素、(3) 意味的要素の3つに区分する。感覚的要素とは、人間の五官を通じた、触感（さわり心地）などの感覚にかかわるもので、生理的起因とも関係する (1) と (2) は認知科学の定義とほぼ同じになる。(3) の意味的要素は製品に対して個々の顧客が独自に見出す意味づけである。製品が持っている物語性、例えば、ココシャネルの服づくりに込めた信念など、製作者の思いを顧客がどう認知し、製品に何を意味づけるのかは個人の感性的な範疇となる。いわゆる製品のブランドを主に構成しているのは

意味的要素であろう。このように感性的価値は複数の要素から成る集合体であるため、製品の有効な差別化を生み出す。ここで大事なことは、感性的価値は文化的背景によって規定される点である。色や形はもちろん、美意識的な感情でさえ、個人が生まれ育ってきた文化によって規定される。したがって、感性的価値をSTP型マーケティングの手法で見出すことは難しく、消費経験アプローチが効果を発揮することが期待されるだろう[6]。

2. 中小企業論研究における接合点と示唆

対話・会話や使用過程といったプロセスを重視し、ニーズの偶発的発見を想定する点で、関係性マーケティングと消費経験マーケティングは親和性の高いものであると言えよう。顧客との良き関係性構築のもとで消費経験アプローチは一層効果的となる。このようなマーケティングの方法論と関連性が高いと思われる中小企業研究の知見を最後に考察してみたい。

競合企業よりも先に事業機会を見抜き、参入することは販売の不確実性を減らすが、黒瀬（2012）は、企業発展の原動力として未利用の機会を察知することを中小企業は得意としているという。そして、先述の場面情報というコンセプトを現場で発生したままの生データに問題意識が加わったものとしてとらえた（一般に、受け取る側が意味を見出すことでデータは情報となる）。統計データなどは誰にでも利用可能だが、生データはその発見者だけが利用でき、情報に変換する能力が必要な分、その専有度が高まり競合による模倣可能性は低下する。さらに情報共有を目的に、情報発見システムの形成には、企業外ループ（他の企業や顧客）と経営者－従業員間あるいは従業員同士による企業内ループ構築の必要性があるという。企業内ループでは生データや場面情報を共有化し、生データを解釈して場面情報（もしくは場面情報をより高次な情報）に変換する。この企業内ループの観点から、小規模の中小企業は情報伝達が比較的スムーズに進むためにコミュニケーション環

境が大企業に対して優位性を持ち、情報発見システムに適した組織ということができよう。

なお、黒瀬は中小企業の経営体質の高度化が場面情報の蓄積によって推進され、この情報蓄積が市場での参入障壁として機能し、製品が差別化される点も指摘する。

以上、場面情報の発見は中小企業が独自市場に進出する鍵となるが、場面情報とは、アンケート調査には現れにくい潜在ニーズの表出にほかならず、この場面情報の発見手法にこそ、関係性や消費経験マーケティングが適合する。生データの供給源である顧客との間（あるいは社員の間）に信頼に基づく親密な関係を築き、この関係性のもとで対話による相互交流が促進され場面情報の変換は円滑に進む。同様に、提供した製品を顧客がどのように消費（使用）しているのか、この経験過程をとらえることで生データや場面情報を発見することが可能となり、企業内ループに取り込まれる。このように、中小企業論の先行研究の中に、中小企業の関係性・消費経験マーケティングにおける大企業と比べたその優位性が確認されるのである。

3. 結び

かつて朝シャン・ブームを起こした〈TOTO〉の「シャンプードレッサー」という製品が当初は簡易洗濯用に販売されるなど、企業の開発意図に反して市場に受容された製品は数多い。使用過程を対象にする消費経験アプローチの意義が高まる理由である。

この補論では、これまでのマーケティング研究の潮流を概観する中で製品の感性的価値に注目し、今日のマーケティングの枠組みが、大企業よりも中小企業に有利な方法論であることを示した。

武蔵野市で自社企画の製品制作・販売を行っている〈ハイモジモジ〉の「デングオン」という製品はさまざまな動物の形をしたキーボードの隙間に

立てられる伝言メモ製品である。この製品には"上に乗せた書類に隠れない"という機能的価値とは別に、可愛いや面白いという感情的要素とオフィス空間を動物園に見立てる意味的要素による感性的価値がある。キーボードの隙間に立てて使うからこそ、動物の形というデザインが面白い。このような製品はいかにして生まれるのか。「キーボードの間に挟まるような伝言メモが欲しい」というようなニーズを事前のアンケート調査によって把握できる可能性はどの程度あるだろうか。その可能性は皆無でないにしろ、製品が提案されてはじめて、「そうそう、こんなのが欲しかった」とニーズが顕在化するケースが増えている。日常のオフィスワークにおける事務用品の使用過程を観察する中で、キーボードに置かれた通常のメモが書類で隠れた経験や、キーボードの隙間にメモを挟んだ女子社員の光景などを目にし、この場面情報を開発アイデアにつなげる試みこそが関係性および消費経験マーケティングとなる。

　感性的価値には意味的要素が含まれる。チョコレート菓子「キットカット」に"縁起物"としての意味が生まれるように、製品には消費者によって多様な意味づけが行われる。製品に内在する意味の発見といったマーケティングはこれまで中小企業があまり得意としてこなかった側面であり、今後、この意味づけをもとに製品の背景に物語を描ける創造能力の育成が必要になってくる。昨今多く見られるようになった地域特産品のブランディングに効果を発揮する手法だろう。

　今後の企業経営にとって重要な視点は顧客が製品に見出す価値の探求であり、それには製品を差別化する感性的価値の発見に効果を発揮する関係性・消費経験マーケティングが鍵となり、このマーケティング方法論は中小企業にとって優位となるはずである。

(注)
1) 中村（1990）による中堅企業の定義に「マーケティングで独創性を発揮している」企業という認識がある。
2) 例えば、中小企業に効果を発揮するSNSの活用法などである。
3) 相互交流（interaction）のパラダイムが適応する。
4) ただし、STP型においても、SNSなどのITツールを利用することで、今まで不可能であった開発手法が登場している。ストリート系アパレルの〈サティスファクション・ギャランティード〉は、製造工程前段階で複数の製品アイデアをFacebook上に提示した上で投票を実施し、この結果をもとに製造に着手する在庫レスを目的とした新製品開発を行っている。この手法は、従来の市場調査に比べて調査コストが削減され、なおかつ質の高いデータの収集を可能にする。
5) 消費行為を目的化する考え方は、認知が前提の研究では主観的体験に立脚する不合理な変数として排除されてきた感情の存在を見直す契機となる。
6) コンテンツを例にとると、好評を博している東京ガスの一連のCMでは、料理を通した人生の一場面を描くことで、ガスから始まる消費経験を訴求している。

(引用文献)
石井淳蔵（1993）『マーケティングの神話』日本経済新聞社
今井賢一・金子郁容（1988）『ネットワーク組織論』岩波書店
大阪府立産業開発研究所（2003）『企業の経営革新に関する報告書』
黒瀬直宏（2012）『複眼的中小企業論——中小企業は発展性と問題性の統一物』同友館
柴田友厚（2012）『日本企業のすり合わせ能力－モジュール化を超えて』NTT出版
嶋口充輝（1997）『柔らかいマーケティングの論理』ダイヤモンド社
中小企業庁編（2011）『中小企業白書2011年版』
中村秀一郎（1990）『新中堅企業』東洋経済新報社
原研哉（2011）『日本のデザイン——美意識がつくる未来』岩波新書

三井秀樹（2008）『かたちの日本美』NHKブックス

Ansoff, H.I. (1965), *Corporate strategy*, McGraw-Hill. (広田寿亮訳『企業戦略論』産業能率短期大学出版部、1969)

Bell, D. (1973), *The Coming of Post-industrial Society: A Venture in Social Forecasting*, NY: Basic Books.

Carron, A.V. (1982), "Cohesiveness in Sports Groups:Interpretations and Considerations." *Journal of Sports Psychology*, 4, pp.123-138.

Festinger, L. (1950), "Information social cognition."*Psychological Review*, 57, pp.271-282.

Granovetter, M. S. (1973), "The strength of weak ties. "*American Journal of Sociology*, 78, pp.1360-1380.

Granovetter, M.S. (1985), "Economic Action and Social Structure: The Problem of Embeddedness. " *The American Journal of Sociology*, vol.91, No.3, pp.481-510.

Hall, E.T. (1976), *Beyond Culture*, Anchor Press. (岩田慶治・谷泰訳『文化を超えて』TBSブリタニカ、1983)

Heskett, J. L., T. O. Jones, G. W. Loveman, W. E. Sasser, and L. A. Schlesinger (1994), "Putting the Service-Profit Chain to Work. "*Harvard Business Review* (March/April), pp.164-174.

Ingram, P. (2002), "Interorganizational Learning." in J.A.C.Baumed., *The Blackwell Companion to Organizations*, Oxford, UK: Blackwell, pp.642-663.

Kirzner, I. M. (1973), *Competition and Entrepreneurship*. The University of Chicago. (イスラエル・カーズナー『競争と企業家精神』田島義博監訳、千倉書房、1985)

Krackhardt, D. (1992), "The Strength of Strong Ties: The Importance of Philos in Organizations."in N.Nohria and R.G. Eccles eds., *Networks and Organizations Structure, From, and Action*, Boston, MA:Havard Business School Press, pp.216-239.

Morgan, R. M. and S. D. Hunt (1994), "The Commitment-Trust Theory of Relationship Marketing." *Journal of Marketing*, 58 (3), pp.20-38.

Nonaka, I. and H.Takeuchi (1995), *The Knowledge-Creating Company*, Oxford

University Press. (梅本勝博訳『知識創造企業』東洋経済新報社、1996)

Oliver, R. L. (1997), *Satisfaction: A Behavior Perspective on the Consumer*, McGraw-Hill.

Penrose, E.T. (1995), *The Theory of the Growth of the Firm*, 3th ed, Oxford University Press. (日高千景訳『企業成長の理論(第3版)』ダイヤモンド社、2010)

Polanyi, M.(1962), *Personal knowledge*, Chicago: University of Chicago Press. (長尾史郎訳『個人的知識－脱批判哲学をめざして』ハーベスト社、1985)

Reichheld, F. F. and W. E. Sasser (1990), "Zero Defection-Quality Comes to Services."*Harvard Business Review* (September/October), pp.105-111.

Robbins, S. P. (1997), *Essentials of Organizational Behavior*, 5th ed, Prentice-Hall.

Sako, M. (1992), *Price, quality and trust : Inter-firm relations in Britain and Japan*, Cambridge University Press.

Schmitt, B. H. (1999), *Experiential Marketing*, Free Press.

Szulanski, G. (1996), "Exploring internal stickiness: Impediments to the transfer of best practice within the firm."*Strategic Management Journal*, 17, pp.27-43.

Uzzi, B. (1996), "The Sources and Consequences of Embeddedness for the Economic Performance of Organizations : The Network Effect." *American Sociological Review*, vol.61, No.4, pp.674-698.

Von, H.E. (1994), "Sticky information and locus of problem solving : Implications for Innovation." *Management Science*, 40 (4), pp.429-439.

Zeithaml, V.A., L.L. Berry, and A. Parasuraman (1993), "The Nature and Determinants of Customer Expectations of Service, " *Journal of the Academy of Marketing Science*, 21 (Winter), pp.1-12.

第4章

「市民協同」の
スモールビジネスの可能性

白鷗大学経営学部　樋口 兼次

1. はじめに

　東日本大震災は、東北から北関東に至る東日本一帯の社会を壊滅させ、人々の生活と生産を解体した。人々の生活と地域の生産活動の連続を断ち切る巨大な破壊力を前にして、人々は茫然と立ちすくみ、うろたえ、絶望するが、しかしその大きな悲しみを抱えつつ、生活を再生・復興する営みも、しばらくして始まっていく。

　巨大地震が社会を根底から破壊するシーンに直面して人々は、「絆」という言葉の重みを改めて想起させられることとなったが、同時に人々が自主的に協同を立ち上げて生活を立て直す姿をさまざまに目撃することとなった。絆は、もともと馬を道端の木に括りつけておく綱のことで、馬が逃げないように縛り付けておく拘束や束縛の意味をもつ言葉であったが、近代市民社会の形成とともに人々の連帯や縁の繋がりを意味する言葉になった。今日の社会は、コミュニティを解体して市場取引に編成し、それに伴い個人がコミュニティから剥離されてバラバラに流動化されてきた。しかし、われわれがひとたび自然災害や戦災に直面し、経済や市場が機能しない状態になった時には、本来遺伝形質として保持していた「絆」を思い起こす。そして近隣の人々

と連帯し、絆を手がかりにして暫くの間断ち切れていた人間関係を修復し、協同を築き始めるのである。

東日本大震災が我々に与えた衝撃の、もうひとつの重大な場面は、言うまでもなくフクシマの原発大災害である。電気機械の生産を媒介とする巨大な産業体制、家電製品の消費の利便と電気による豊かな生活の様式、そして、その両者を支え、またそれに依存する電力供給の三位一体となった体制が肥大化し、その中核を原発が支える構造が出来上がっており、しかも原発の技術体系が、かくも脆弱なものであり、ひとたび事故が起これば広範囲の地域を極度に汚染し、数世紀以上にわたり人間が生存不可能となる深刻な事態をまざまざと見せつけられることになった。いままで、ともすれば絵空事に映りがちだった「持続可能な社会」の構想が、いまや待ったなしの喫緊の課題となったことを気づかされることにもなった。自然資源の無駄の排除、リサイクル利用の促進、環境と調和した産業経済の形成、そして脱原発と循環型エネルギーの具体化、これらを統合した循環型社会の設計と具体化が急務となった。

「相互扶助論」（Mutual Aid）は、協同と持続型社会を統合したイメージである。競争とそれを通じて磨き高められるとされる「適者生存」の観念と相反する「協同と協調」であり、近代の呪縛となっていた競争と成長からの離脱である。

3.11の激震を福島の隣県である栃木の大学で経験し、避難・復旧支援にかかわりながら受け取ったインスピレーションは、人々の連帯と持続可能社会の構築という２点に集約されるように思う。

その２つの課題を具体化するためには組織論が必要であり、それは地域型協同と相互扶助を具体化するものではないかと思われる。

大震災の前年まで、協同労働組織をめぐる論議にかかわりを持っていたが、その論争というのは、立法論にかかわる問題であって、組織の具体化に向けた前向きのものではなかった。そこで、もともと日本の近代とともに試みられてきた市民の協同生産の運動を継承・発展させつつ、これからの市民

による協同組織を模索し、スモールビジネスへの新しい展開の可能性を考えてみたい。

　東北の人々の協同、言い換えれば絆を基盤とする復興・再生のシーンは、敗戦後の焼け跡から立ち上がった人々の協同の復興運動の反復として映ってくる。
　大空襲により焼き尽くされ、焼け原野の廃墟から、灰燼に帰し、すべてを失い、バラバラに解体された地域の生活と生産を再建した力は、大いに地域の人々の協同に依ったのである。
　3.11の復興においては、市民の協同による方式が最もふさわしい。このインスピレーションは、3.11の復興をめぐって行われたいくつかのシンポジウムに参加するたびごとに、次第に確信に変わっていった[1]。
　敗戦により、すべてのものを失った人々は、生き残った人々が、わずかに残った施設、設備、資材、材料を持ち寄り、食べ物と飲み水を確保し、身の回りの生活用具を作り出し、次第に生産を復興させていった。敗戦後の企業再建、生活のための働く場づくりの経験は、3.11の復興においても確かに再現されている。
　だが、市民協同による企業の再建、生活のための働く場づくりの組織論に関しては、今日、決して一般化されているわけではない。3.11の事態を迎える前年まで、「協同労働法案」をめぐる論争が行われ、筆者もその論争の一翼を担っていた。したがって東北の復興を少しでも前進させるためにも、この課題について整理を進め、より確実に成果に結び付く前身を期したいと思う。

2. 市民協同による復興・再生のモデル

　市民協同による復興・再生のモデルは、戦後復興期においては「生産合作社」、今日においては「ワーカーズ・コレクティブ」組織形態としては、「企業組合」によるものであるが、罹災しバラバラになった経営資源を再結集する仕組みは、概ね次のようなものである。

　図4-1は、水産加工業を例にした災害復興のモデルである。
　水産加工を営むA株式会社は、工場は壊滅状態となり、副社長だけ無事で、従業員は半数が離散してしまい、倉庫だけが残ったと仮定する。個人事業者B社は、工場は半壊、倉庫は全壊、経営者は帰らぬ人となり、同じ地域の個人営業C、D社もB社と同様と仮定する。
　多くの経営資源を失ったA、B、C、D各社は、自力で再生は極めて困難である。残った人材と経営資源は、再結集すれば水産業が再建できる量と質

図4-1　ワーカーズ・コレクティブによる復興・支援のイメージ

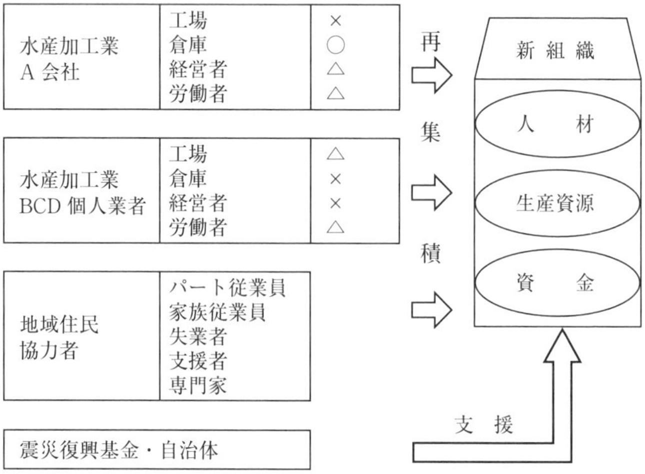

水産加工業 A会社	工場 倉庫 経営者 労働者	× ○ △ △
水産加工業 BCD個人業者	工場 倉庫 経営者 労働者	△ × × △
地域住民 協力者	パート従業員 家族従業員 失業者 支援者 専門家	
震災復興基金・自治体		

再集積 ⇒ 新組織（人材／生産資源／資金）← 支援

を確保できる。このような場合に、各社の経営者・家族・従業者が集まって相談し、職を失った人々や地域住民の有志が賛同し、さらに域外の専門家や支援者の参加も得て、水産加工業を目的とした組織を設立する。

　新組織の受け皿となる組織は、会社法人、個人事業でも可能であるが、ここでは企業組合組織を活用することにする。企業組合は、個人が仲間を募って事業を行うことを企画し、協同出資し、協同労働し、協同経営するもので、ワーカーズ・コレクティブと言われる非営利の市民事業体であり、多くの中小企業の生産において応用されうる組織形態だからである。また、いわゆる「相互扶助」を目的とした協同組合経営体であることから、市民主体の起業や企業の再建、地域生産の復興という目的に合致しているからである。

　この方式は、小売店や飲食店の再建にも当然応用でき、コミュニティ・ビジネスの開業にも適している。また、地域復興のための建設業などの創業も有効と思われる。

　その業種の経営や技術の経験のある人々が地域で結集すれば、ビジネスや工場が再建できるはずである。飲食店は、マネジメント、調理、接客の経験者が集まれば可能である。ただし、どのようなビジネスも、経営指揮し従業者をまとめながら協同経営をマネージするリーダーが必要であることは言うまでもない。

　2011年10月に仙台市で開催されたシンポジウム「協同の力で復興を！仙台シンポジウム」および同年12月明治大学で開催された、たんぽぽ社主催の「原発被害・震災復興に関するシンポジウム」において、罹災地域の事業復興を「企業組合」で行ってはどうか、という提案を行った[2]。この提案には大きな注目が集まり、実現に向けて具体化してほしいという要望も出されたことを付言しておこう。

3. 戦後復興支えた「生産合作社」運動

　この復興モデルは、敗戦後間もない時期に民間から生まれた「生産合作社」という組織による復興運動に共通している。空襲で工場を焼かれ、経営者だけでなく家族や従業員も失った工場の再建、満州から集団で引き揚げた人々による商店街の復興、戦争未亡人たちが集団で働く場所づくりなど民衆の戦災復興モデルとなったものである。

　以下、戦後復興期の生産合作社運動から企業組合制度の誕生そして今日のワーカーズ・コレクティブへの流れを辿ることにしよう。

　敗戦とともに復員兵、引揚者、戦争未亡人、工場閉鎖による失業者は町に溢れ、罹災により作業物を失った職人らの生活は困難を極めていた。爆発的なインフレーションにより、引揚者に支給されたわずかな更生資金や、食糧配給によって生活を維持することは不可能な状態にあり、生活苦を抱えた人々は、わずかな金と罹災を逃れた機械、道具を持ち寄って、身近にある素材を加工するなど敗戦の混乱の中で生活のための努力を開始したのであった。

　こうした敗戦に伴う厖大な失業者らの生産復興の活動の中から「生産合作社」は誕生した。

　「生産合作社」は敗戦の年の暮頃から設立され始め、1948年夏頃までに全国に広がりを見せていった。

　筆者の資料調査の結果[3]によれば、合作社設立への始動は1945年暮に東京と静岡で起っている。双方ともに土木建築を業とするものであった。東京では建築技術者であった片貝という人物が同志数人と製材工場と建築会社を生産協同組合の形式でつくることを計画し、これが翌年「東京土建合作社」として実現している。

　静岡市では、戦時中住友金属の営繕係長を務め敗戦とともに失職した清水龍太郎が、同僚らとともに土木会社を設立した。この構想も、前記事例と同様に土工、大工、左官など現業労働者らとともに運営する生産協同組合であ

り、翌年3月「静岡再建合作社」として実現している。

東京と静岡における生産協同組合の構想は、全く個別に生み出されたものであったが、ともに「合作社」として同様の形態を整えるに至るには「再建合作社必成会」という推進グループの助言があった。

静岡の清水における新しい協同経営体の構想は、静岡新聞の記事となり、必成会の中心人物渡辺史郎（静岡出身）が帰省中に記事を見て清水を訪ね、意気投合した末、合作社の具体例として推進したという。

一方、東京の片貝は、「再建合作社必成会」のパンフレットを見て同事務所を訪れ、必成会の推進グループの助言を受けている。

2つの構想の具体化は推進グループを勇気づけ、「合作社」の本格的宣伝、啓蒙活動が1646年2月頃から開始されたのである。

必成会は、敗戦の年の10月に中野区打越町に発足した。提唱者は東大独文卒で後の企業組合連盟の会長となった杉山慈郎であり、渡辺史郎、国井長次郎らの仲間とともに、戦時中、東亜研究所が入手していたニム・ウェールズ（Nym Wales、エドガ・スノー夫人）の"China builds for Democracy"に注目して、生産協同組合の普及を考えた。杉山らは、これを日本に応用移植することによって失業問題と生産機構における半封建的な搾取関係を解決することができると考えたのであった。

彼らは、有馬頼寧（元農相）、渋沢敬三（元蔵相）から運動資金を引き出し、退職金で資金をつくり、11月には亀井貫一郎の所有していた神田区神保町の事務所に移転して普及宣伝活動を開始したのであった。前述の東京と静岡における「合作社」の結成に自信を得て、3月に「日本生産合作社協会」（杉山慈郎理事長）を発足させたのである。

彼らがなぜ「生産合作社」なる名称を用いたのか、杉山は、この理由について次のように述べている。

合作社は、「Co-operative」の華語訳である。日本語では協同組合となるが、生産協同組合とか生産組合とか呼ばずに、生産合作社とした理由は、日本における戦前の生産協同組合は、信用や流通の部面が事業の重点であり、直接

生産の部面までその機能を及ぼすものではなかったし、協同組合は業者の集まりであり、そのもとで苦汗労働を強いられてきた従業員まで、その恩恵に浴しうるものではなかった。新しい酒は、新しい革袋に盛る必要があると考え、新しい理念の表現として「合作社」という呼称を採用したのであった。

だが、すべてが「合作社」を名乗ったわけではなく、「生産協同組合」「協同組合」などの名称も広く用いられた。

こうして、生産合作社は敗戦の翌年春から全国的に波及し、1948年3月までには350社以上が結成された。

1948年3月末の日本生産合作社協会加盟300社についての集計資料によれば、社員総数6,500人、1社当たり平均社員数22人である。生産品種については、農産加工品、日用雑貨などが主体で、わずかな資金と入手可能な原材料を調達して、さしあたり必要な生活用品の生産を開始していった。また、敗戦とともに失業者、復員者の多くは、相対的に食糧事情の安定した農村部へ親類縁者を頼って身を寄せた。こうした事情から農村部にも相当普及していったのである。合作社は全国に普及し、文書や新聞記事で確認できるものとしては、山形県、福島県、新潟県、長野県、千葉県、山梨県、静岡県、東京都、神奈川県、愛媛県であるが、関係者の証言によれば、ほぼ全国的に普及していた。

生産合作社は、組織化の動機、組織構成において極めて多様であった。そこで、組織構成の特徴およびその動機によって、生産合作社を類型化をすれば、次の5つに分類できると思われる。

① 引揚者更正のための協同生産
② 農産物加工のための協同生産
③ 戦争未亡人の授産協同施設
④ 罹災職人の協同作業場の再建
⑤ 中小工場の再建

このように、生産合作社は、労働者、市民、失業者による「労働者生産協同組合型」と「小生産者協同組合型」に大別されるが、事業者と従業員や職

人の協同型も数多く含まれる。

　それでは、戦後復興の代表的事例を見よう。

事例1：清水合作社
場所　福島県信夫郡清水村
役立　1946年2月
社員数　122人
事業内容　藁加工品、木工生産、土木事業、診療所

　信夫村の満州（現中国東北部）引揚者総世帯数は100を越し、彼らの生活更正は極めて困難な状況にあった。引揚者援護会の村分会は、引揚者部落常会を開き、生活指導援助を行っていたが、1946年11月頃、満州引揚者の1人が生産合作社協会に連絡をとり研究を重ねた末、部落常会で生産合作社設立準備会が結成された。

　資金は、当時庶民金庫が貸付けていた生業資金（1人4,500円）を総額22万5,000円調達（年6％の利子前払い、半額封鎖を条件）し、旧中島飛行機の工場の一部の払い下げを受けて、1947年2月に藁加工工場を開設して任意組織の生産合作社を出発させた。ほぼ1年後には、原料藁15万貫消化の目標を達成し、供米用俵、肥料の包装用叺（かます）、荷造縄の生産では福島県一の生産量を誇るまでになった。さらに、市営住宅などの土建請負工事、製函、木羽経木、屋根木羽、手芸品などの木工部門に乗り出した。社員のための住宅、済成会病院の出張診療所など厚生施設も整備した。復員兵や引揚者の中には、もと木工、建築などの熟練工が50人を数え、彼らは、初めて労働を経験する婦人などを実によく指導したという。

事例2：信夫婦人合作社
場所　福島県福島市

役立　1947年10月
社員数　7人
事業内容　洋傘製造

　福島市の民生委員であった今野ゆき子は、戦争未亡人の就業と家庭婦人の自立のため婦人の手による生産の場づくりを計画した。当市の絹織物を利用して洋傘をつくれば当時不足していた需要に対応できると考えたのである。山梨県から洋傘技術経験者の婦人を招き、約半年間の講習を受け、再三にわたり東京の洋傘工場の見学などを経て自信をいだき洋傘工場の実現にこぎつけた。県商工部の指定工場許可、割当製造によって生産の基礎をつくりながら学校、生活協同組合、婦人団体などから注文を受けた。
　婦人7人の組織であったから合往往設立資金の調達は困難であったため、今野が全額立て替え調達し、長期にわたり利潤の分配の一部を積み立てて各自の出資を形成する構想で出発した。

事例3：日本実用履物生産合作社
場所　東京都台東区浅草花川戸
設立　1946年11月
社員数　14人
事業内容　草履製造卸

　戦前、製造問屋の下職をしていた草履製造職人は空襲によって作業場を失い、また問屋の衰退によって失職状態にあった。戦時中、日暮里に10坪ほどの作業場を借り、仲間が集まって協同生産を行っていた経験を生かして、共同出資による共同作業場と卸売販売店を浅草花川戸に建設したのである。各自1万8,000円、合計25万2,000円の出資を行って任意組織で生産合作社を設立した。
　彼らは、罹災による経済的事情から以前のように各自独立した作業場を持

つことができなかった。また、旧問屋が営業の再開途上にあったため、協同で原料を調達し、協同生産によって自力で再建を実行していったのであった。彼らは、問屋の工賃を上回る賃金の支給を受け、16万円の運転資金を積立てて生産を軌道に乗せた。生産合作社と並んで材料調達を行う協同組合を組織して、問屋制に代わる近代的生産体制の確立を目指した。

事例4：飯能製材合作社
場所　埼玉県入間郡飯能町
設立　1947年5月
社員数　8名
事業内容　製材

　1946年2月、台湾より復員した浅見滝治郎は、4代にわたって継承されてきた家業の製材工場が同年の5月に、戦時中の県木材会社から返還されることとなったのでこれの再建の方途を模索していた。
　新聞記事から生産合作社にヒントを得て、元従業員数名と新規参加者らとともに、有限会社による生産合作社を設立したのであった。会社経営は、社員全員の合議制により行い、日給賃金を基本とし、出勤日数、熟練度、扶養家族人員、自家耕作の有無などを考慮した公平分配の方式を独自に編み出した。

協同組合原則の適用
　第2次大戦後の復興を支えた生産合作社は、比較的狭い村落や居住区を単位として、地域的、地縁的関係、社会運動を契機として成立した同志的集団や同業職人の戦前からの組織、旧工場関係者などの人間関係を基礎とし、仲間の生活を支え、再建することに目標が置かれた。その際、次のような組織の原則も確認されていた。
　第1は、門戸開放の原則である。すなわち、資格ある勤労者は、生産合作

社の経済的条件が許す限り誰でも社員となることができるとした。

　第2は、労働に従事することを義務づけるとともに金銭出資のみの社員を制限することである。社員は、なんらかの労働を行うことが義務づけられ、単に出資だけの参加は許されない。これは、労務出資社員による経営支配を貫徹するためである。

　第3は、1社員の出資口数は制限され、かつ議決権は出資の多寡にかかわらず1人1票とする。これは、社員の出資口数を制限することにより1社員による経営支配を排除し、1人1票により社員に対する平等の発言・経営関与権を認めるのである。

　第4は、出資に対する配当を制限し、剰余金の配当は労働提供に応じて公平に行われる。

　以上の4原則は、生産合作社必成会が定めた生産合作社の原則である。

生産合作社法の制定運動と法案の骨格

　生産合作社は、任意の組合として実施されるものが多かったが、会社制度を利用するものも少なくなかった。生産合作社は、社員の協同経営体であり、第三者を相手に商行為をなし、また、経営資産はすべて社員の出資持分に応じた共同所有の形態となる。生産が拡大し、多額の債権、債務を生じ、多額の資産を擁することとなると法人化の必要性が生じてくる。そこで、生産合作社必成会は、本格的な法律制定運動に乗り出す。法案の骨子を次に掲げておく。

生産合作社法案[4]

(目的) 1条　生産合作社は、合作社原則にもとづき、勤労者の共同によって自主的に事業を経営し経済的社会的地位の向上を図り、併せて生産力の発達と社会の福祉に寄与することを目的とする。

(合作社原則) 2条　生産合作社が次の原則による。

　(1) 資格ある勤労者は、その事業の経済条件が許す限り誰でも社員となる

ことができる。(自由加入の原則)
(2) 社員は、何れかの面で勤労を提供することが必要で、単に資本だけの参加は許されない。(従事義務の原則)
(3) 一社員の持分数は制限され、かつ議決権は持分の多少に拘わらず一人一票に限られる。(議決権平等の原則)
(4) 持分に対する利益の配当も制限され、純益は配当金として勤労に応じて公正に分配される。(出資配当の制限、勤労配当優先の原則)

(法人格) 3条 生産合作社は、法人とする。

(名称の使用制限) 4条 生産合作社は、その名称の中に生産合作社という文字を用いなければならない。生産合作社でないものは、その名称を用いてはならない。

(登記) 5条 生産合作社は政令の定めるところにより登記しなくてはならない。

(住所) 6条 法人の住所 (略)

(課税の軽減等) 7条 生産合作社への課税は原則として減じ、もしくは一部の税を免除する。

(社員の資格) 8条 生産合作社の社員は、次の資格を有しなくてはならない。
(1) 成年に達していること。
(2) 性格善良、悪癖、悪習に染まらず健康なる者
(3) 他の合作社社員でないこと。
(4) 1月以上当該合作社事業に従事した者

(設立の認可) 9条 生産合作社を設立しようとするときは、社員になろうとする者5人以上の同意を得て行政官庁の認可を受けなければならない。

(設立制限の禁止) 10条 認可行政官庁は、設立の認可については法令に違反し、または公益を害すると認める場合のほかこれを拒むことはできない。

(定款記載事項) 11条 定款には左の項目を記載しなければならない。
(1) 合作社原則
(2) 名称

(3)　事業種目
　(4)　地域
　(5)　事務所の所在地
　(6)　出資金
　(7)　社員資格、出資規定
　(8)　持株規定
　(9)　社員総会規定
　(10)　社員の権利と義務に関する規定
　(11)　役員（役員会）に関する規定
　(12)　計算に関する規定
　(13)　損失金処理規定
　(14)　脱退及び失格に関する規定
　(15)　解散に関する規定
（事業）14条　生産合作社はその目的達成の次の事業を行うことができる。
　(1)　生産事業
　(2)　生産に付随する事業
（出資義務）15条　社員は、出資1口以上を有しなくてはならない。
（出資制限）16条　社員は、総出資口数を総社員数で除した出資口数の限度まで出資口数を所有することができる。
（議決権の平等）17条　社員は、総会において各人1個の議決権を有する。
（社員の加入）18条　社員となるためには1月以上当該合作社の事業に従事し、理事会の過半数の賛成によって社員となることができる。
（有限責任）19条　社員の責任は、出資口数を限度とする有限責任とする。
（脱退者の持分の譲渡）22条（前略）　社員は、脱退するときは、その持分を任意の社員又は理事会の承認した社員候補者に譲渡することができる。
（脱退）23条　社員は次事由によって生産合作社を脱退することができる。
　(1)　社員の資格の喪失
　(2)　死亡

(3) 破産
　(4) 除名　(以下略)
(持分の払戻請求権) 24条　脱退した社員は、定款の定めにより持分の全部
　又は一部の払戻を請求することができる。
(役員) 25条　役員として理事及び監事をおく。理事及び監事は総会におい
　て社員のなかから選任する。
(社員総会) 27条　最高意思決定機関は社員総会とする。
(理事) 29条　理事は、生産合作社を代表し、合作社の業務を執行する。
(監事) 30条　監事は、生産合作社の財産の状況及び業務執行の状況を監査
　する。
(剰余金の処分、従事分量配当、出資配当の制限) 33条　生産合作社が剰余
　金を生じた場合には、損失補填及び積立金に充てたのち各1割を共有厚生
　資金及び産業開発資金に積み立て、その残余額を社員の払込出資額及び1
　年内に生産合作社より受けた賃金の割合に応じて社員及び非社員に分配さ
　れる。但し、払込出資額に応ずる配当率は一定の率を超えることはできない。
(生産合作社連合会) 39条から48条（略）

国際的な支援

　生産合作社運動は、国際的な連携のもとに行われた。生産合作社必成会は、1946年12月に来日した、サタデー・イブニングポスト特派員エドガ・スノー（Edgar Snow）から中国工業合作社の実情を聞くとともに、中国工業合作社の定款などの資料を入手し、これをもとに生産合作社の構想を具体化していった5)。同時に日本の合作社普及の支援をとりつけることに成功した。また、ニュージーランドの教育者で社会運動家であったルイ・アレイ（Rewi Alley）の友人で極東委員会のニュージーランド代表であったジェームス・バートラム（James Bertlam）の支持もとりつけることができた。これによって、GHQの工業部長（ウォーカー中佐）、労働部課長コーエン、財閥処理委員（ハンター）、工業部員（シーカー中尉）らの支援の同意をとりつけたの

であった。

　さらに、賀川豊彦、三輪寿壮（社会党）、三宅正一（同）、山名義鶴（同）ら協同組合運動や社会運動に通じていた人物にも説得工作を行っている。先に述べた、有馬頼寧、渋沢敬三ラインを通じて政府部内に理解者をつくることにも成功した。

　日本生産合作社協会の発足式には、エドガ・スノー、ダレル・ベリガン（ニューヨークポスト極東特派員）、平野義太郎（中国研究所）、鈴本真利雄（日本協同組合同盟）、松本重治（民報社長）、木内大蔵省参事官、総司令部からは、ウォーカー中佐、シーカー中尉らが参列している。杉山慈郎ら協会指導グループは、有馬、渋沢、船田中（商工経済会）ら旧支配層グループから松本重治、賀川豊彦ら革新派に至る幅広い支持をとりつけることにより合作社運動のいわば国民運勧化を狙った[6]。

　しかし、生産合作社に対する資金、法制面での支援を引き出すまでにはいかなかった。協同組合主義を掲げて敗戦の年の暮に結党した日本協同党は、1946年の公職追放によって瓦解し、協同組合主義の旗印を後退させながら、協同民主党、国民協同党と変遷をくり返し、生産合作社運動に対する支援ができなかった。

　加えて、民主改革運動を推進していた諸勢力にも合作社運動に反対する動きが見られた。

　豊原一郎は、「中小商工業者の性格と動向」と題する論文[7]を発表し、その中で、合作社運動を評価した信夫清三郎の主張[8]を批判した。信夫は、戦時統制下の企業整備の際、同規模の業者が地縁的、人的に結合した経営協同体の概念に近いものの中に小所有者的性格から抜け出して新たな協同精神の中に自らを発見せんとしている注目すべき動きを見つけて、ここに工業合作往の発芽がある、と指摘した名和統一の見解を継承して、中小工業が大資本に抗して自らの存在を維持するためには、一方において経営協議会によって資本と経営を分離しつつ民主化し、他方においては経営の合同を図って大規模な組織と小規模な工場とを結合すること以外にはない。言い換えれば、

合作社原則を具体化する以外に途はない、合作社に高い評価を与えたのであった。

　これに対し、豊原は、地主的財閥的独占資本＝天皇制官僚統制の廃棄を戦略目標とする当面の段階において、中小商工業に協同組合主義的傾向を植えつけてそのもとに合作往運動を展開することが可能であると教え込むことは、彼らに、はや民主主義革命が終了したかのごとき幻想を抱かしめ、結局のところ資本主義の矛盾に眼を覆い協同の名の下に中小工業や農民を大資本と地主の下に再編成し、破局を避けんとする協同組合主義に堕するものであり、「小ブル的ロマン主義である」と真向うから批判したのである。

　協同組合主義を掲げた政党の不振と民主改革運動側からの批判は、合作社運動の「国民運動化」と合作社への政策的支援を困難にし、同時に単位合作にも動揺を与えることとなった。

　また、当時の激しいインフレーションと傾斜生産方式の本格化により、原材料の高騰、石炭や電力の割り当て減少で、弱小な生産合作社の経営は困難になっていった。

　日本実用履物生産合作社は、草履の生産と小売店への卸売を行っていたが、販売をしてから、次の材料を仕入れるときには以前の値段では買えなくなっていた、と証言している。一方、戦後間もなく再開した問屋は、こうした事態を見越して材料売りに専念し、結局問屋の支配から自らを解放しようとして下職人が結成した合作社が問屋に従属させられていく実態が明らかにされている。激しいインフレは合作社のみならず中小工業一般の経営を急速に行き詰まらせていき、その過程において旧問屋制は原料売りに徹することを通じてインフレによる差益を蓄積しつつ復活していったのである。

　原料インフレとそれによる原料不足に直面したとき不可欠なのは低利の運転資金である。ところが、1946年に閣議決定された傾斜生産方式は翌年には次第に強化実施され、それまで合作社の唯一の資金供給の途であった生業資金は停止された。同時に、金融機関の中小工業向け資金も激減し、戦後自力で生産を再開してきた中小工業の経営危機は1947年春には頂点に達し、

金融、電力、石炭の傾斜配分の是正を要求して中小工業者が全国的に結集し、全日本中小工業協議会を結成した。日本生産合作社協会もこれに積極的に参加して運動を展開したが、多くの生産合作社の経営は苦境に追いやられていく。

4. 生産合作社法案から企業組合制度の立法へ

4-1. 生産合作社法案と企業組合の立法

　生産合作社が敗戦直後の民衆の中から生まれ、その後の悪性インフレと資材不足の悪条件の中で企業組合は誕生した。1949年7月施行された中小企業等協同組合法の中に「企業組合」制度が設けられたのである。

　日本の生産協同組合は、水産業協同組合には漁業生産組合、森林法には生産森林組合が制定され、これに並ぶ商工・サービス業部門の生産協同組合制度として企業組合が制度化されたのである。

　生産合作社と企業組合の関連を明らかにしよう。

　日本生産合作社協会は、全国に生産合作社の普及活動を行う一方で、法制度の実現に向けて運動を展開していた。激しいインフレと傾斜生産方式に伴う産業資金や資材の枯渇の中で、戦後雨後の竹の子のように生まれた弱小企業の経営危機が顕在化し、いわゆる「中小企業危機」が表面化し、中小企業は「危機突破大会」などのかたちで資金の円滑な供給や経済安定化の政策を要求した。その中心は全日本中小企業協議会（略称「全中協」、委員長大塚育）であった。日本生産合作社協会は、全中協に加盟し、全中協は他の有力経済団体とともに政治的発言の場である経済復興会議を通じて政策要求運動を行っていた。

　生産合作社法の要求は、経済復興会議を通じて政府の経済緊急対策の中に「勤労者が組織する生産組合的な企業形態を制度化して、これを助長すること」というかたちで盛り込まれた[9]。これを拠り所として、日本生産合作社

協会は、生産協同組合法制化の運動を繰り広げたのであった。

1947年10月に日本生産合作社協会が取りまとめて経済復興会議に提案した「生産（或は工業）合作社の制度化及び助長に関する要望」の序の中で、生産合作社法の趣旨は次のように述べられている。

第1は、政府は「経済緊急対策」において、生産組合的な企業形態を制度化し育成することを明記しているので、これを早期に実現すること。第2に、「合作社」は、日本語の「協同組合」であるが、中国工業合作社と同様の形態の勤労者が組織する「生産組合的企業形態」を目指すのであれば、従来の協同組合（農協や生協などの利用型協同組合）と区分するために「生産合作社」という言葉を用いているが、適当な名称があれば、こだわらない。第3に、「生産合作社」とは、ひとつの工場で勤労者集団が自ら資本、生産手段、技術を持ち寄り、共同で生産に生産を行い、製品は他の企業と競争しながら販売し、そこで得た利益は勤労者自身が享受するものであり、勤労者が生産手段を所有し、自らの管理と経営で自らのために行う生産の組織である。第4に、生産合作社は、経営の民主的体制の確立につながり、国民経済の再建に有効である。特に、失業対策、農村工業振興、零細企業の維持に効果的である。

生産合作社協会の「生産合作社法案」は昭和22年10月の「経済復興会議」において提案され、「中小工業対策要綱」の中に盛り込まれた。「中小工業対策要綱」の五、「協同組合法の改正の項」には、「現行協同組合法は独占禁止法の線にそって速やかに改正すべきである……（略）特に生産協同組合（生産合作社又は勤労協同組合）の如きものの法制化を促進すること」と記されている[10]。

ここで言う「協同組合法」とは「商工協同組合法」のことで、戦時統制の母体となった商工組合がGHQにより解体され、これに代わり暫定的に実施された中小企業の協同組合法である。

このように、戦後の復興期に民衆の間で生まれ、普及された生産合作社の法制度化の動きは、生産合作社協会の法案立案、経済復興会議の提案、政府の経済緊急対策への盛り込むというプロセスを経て実現の方向へ歩み出していた。

　当時の戦後復興政策の立案と推進は、GHQ経済科学局反カルテル・トラスト課の指導のもと商工省産業復興局振興課が行っていた。GHQ経済科学局反カルテル・トラスト課の課長E・C・ウェルシュは、財閥解体と同時に商工組合や統制会などの戦時統制組織の解体を進めるとともに、経済民主主義の徹底を図るよう商工省に指示した。ウェルシュが積極的に取り組んだのは中小企業庁の設置、民主的な協同組合の育成と法制度の整備であった。中小企業政策や協同組合は、独占禁止政策を推進するものとして位置づけられた。

　戦時統制の有力機関となっていた商工組合は、1946年12月「商工協同組合法」施行と同時に解散されることになった。だが、商工協同組合の中には、旧商工組合の組織を温存したまま、看板の塗り替えをしたにすぎないものもあり、独禁法、事業者団体法の規制対象の「閉鎖機関」に指定されるものも少なくなかった。GHQ経済科学局は、大企業による協同組合支配や資材統制などに対する徹底的な取締りを支持する一方、民主的な協同組合法の制定を目指した。GHQが目指した新協同組合法は、法人加入の禁止、信用事業兼営の禁止、区域の限定、役員兼職の制限、出資支配の排除、員外利用の制限、官僚による監督の禁止、連合会の禁止など徹底した反独占政策に準拠するものであった。GHQのラディカルな方針に対する商工省振興課の交渉は長期にわたって行われ、1949年になり、ようやく「中小企業等協同組合法」が成立し、その中に「企業組合」が制度化されたのである。企業組合は、経済民主化を推進するGHQにとって肯定的なものであった[11]。

4-2. 学者グループによる協同会社の研究

　日本生産合作社法と平行して、学者グループによる協同会社が研究されて

いた。京都帝国大学の大塚一郎教授を中心とした「新企業形態研究会」は、1947年に「協同会社法制定要綱」をまとめている[12]。なお、この案は日本協同党・協同主義協会（吉沢磯次郎世話人）の案としても公認された。

協同会社法の目的は、労資合作の企業方式のもとに、労資が均等に経営権を持ち労資対等の立場で経営に当たる。所有は、労働者、出資者、経営者の三者の共有とすることにより、労資の相克を解消し企業の民主的経営により経済の再建に資する、と述べられている。

社員は3つに区分され、出資した者を出資社員、経営者及びその補助員を経営社員、労働従事者を労務社員とし、出資社員総会、労務社員総会にその連合総会を設け、それぞれが会社に関する決定に参加するというものである。これは、フランスの労力協同商事会社やスイスの労資同権株式会社などを参考にして立案されたものと考えられる[13]。

大塚案は、労務社員の出資形態と金銭出資の関係、出資社員総会と労務社員総会の関係等不明瞭な点が多く、生産合作社法案に比べて完成度が低いものである。しかし当時、企業の民主化、労資協同の模索が多方面で行われていたことは注目する必要がある。

片山内閣時代に社会党が生産合作社法案を支持し、日本協同党の協同会社制案の援護射撃もあり、中小企業庁で立案されていた新協同組合法の中で「企業組合」は成立した。

4-3. 企業組合

企業組合は、生産合作社協会の「合作社四原則」を踏襲するなど生産合作社の考え方を踏襲して制定された。

中小企業等協同組合法の「等」は、中小企業者など事業者以外の「勤労者その他の者」が設立主体者となりうることを意味しており、勤労者その他事業者以外の者が設立できるのは、信用協同組合と企業組合である。企業組合は、事業者のみならず労働者・市民その他の多様な階層に属する個人によって組織されるところに特徴がある。

企業組合は、事業者によって組織される「事業者企業組合」と、主として労働者や女性たち、失業者など無業者たちにより組織される「市民企業組合」または「労働者企業組合」がある。
　企業組合は、4人以上の個人が何らかの企て（ミッション）を協同で行うことを計画し、出資（金銭もしくは現物出資）し、事業に従事し、協同で運営支配する協同組合企業体である。これは、後に触れるが、フランスの生産協同組合やアメリカでワーカーズ・コレクティブと言われるとものとほぼ同様の事業体である。

企業組合は商工業部門の生産協同組合

　企業組合は、農業、林業、水産業の各生産協同組合と並ぶ商工業部門の生産協同組合として制度化されたものである。
　農業部門には農事組合法人、水産業には漁業生産組合、林業には生産森林組合がほぼ同時期に制度化されている。
　企業組合の特徴を要約しておこう。
（1）設立の主体：4人以上の個人が合意して設立できる。
　　企業組合を設立することができる者は、「個人」に限られ法人は排除される。そして「個人」は何等の資格を問われない。事業者であれ、職業を持たない者であれ、定款で定めることにより誰でも企業組合を設立し加入することができる。
　　企業組合設立を設立する組合員数は、4人以上である。1組合員の保有できる出資口数は4分の1以下に制限される。
（2）実施できる事業：定款で定めることにより、いかなる事業も実施できる。
　　企業組合は、どのような事業でも実施できる。生協などの利用協同組合と違って、組合員のための共同利用事業ではなく、第三者を対象として事業を行うことができるのが生産協同組合の特徴である。事業の範囲は、営利事業から非営利事業まで幅広く行うことができる。
　　中小企業等協同組合法によれば、「企業組合は、商業、工業、鉱業、運送業、

サービス業その他の事業を行うことができる」と定められており、定款で定めれば、どのような事業も行うことができる。農林業、水産業もできると解釈される。

(3) 協同組合原則に基づく企業である。

企業組合は、一般の協同組合と同じ協同組合の基準原則が適用される。
① 組合員の相互扶助を目的とする。
② 組合員の加入脱退が自由であること。
③ 組合員の議決権、選挙権は、出資口数の多寡にかかわらず平等であること。
④ 組合の剰余金を配当するときは、出資に応じて行う配当は制限される。
⑤ 組合は、事業を行うことにより組合員に直接奉仕することを目的とし、特定の組合員の利益のみを目的にしてはならない。
⑥ 組合は特定の政党のために利用してはならない。

(4) 労働提供組合員が支配する企業体である。

企業組合の組合員の3分の2以上は、組合の事業に従事しなければならない。これは、「従事比率」と言われ、労働提供組合員が組織の主役であるということを意味する。組合の事業に従事する者の2分の1以上は組合員でなければならない。これは、「組合員比率」と呼ばれ、雇用従事者を制限し、従事組合員によって運営が支配されることを保障している規定である。また、企業組合の出資口数の2分の1以上は、組合の事業に従事する組合員の所有でなければならない。これは、「組合員出資比率」と言い、出資のみを行う組合員を制限し、従事組合員が企業組合を支配することを求めたものである。

(5) 組合員は有限責任である。

企業組合の組合員の責任は、出資額を限度とする有限責任である。なお、組合員が企業組合を脱退するときは、出資口数に応じた持ち分の払い戻しを請求する権利が保証される。

(6) 設立には都道府県知事の認可制

企業組合は、定款、事業計画、創立総会議事録等を添えて、都道府県知事の認可を受けて設立できる。この場合、都道府県知事は、設立手続き、定款、事業計画が法令に違反する場合と事業を遂行するための経営的基礎を欠く等目的を遂行することが著しく困難と認められる場合以外は、設立を認可しなければならないことになっている。その意味で、自由設立に近い、制限の緩やかな認可制が採用されている。

4-4．多様に広がる市民・市民労働者企業組合

　市民・労働者その他の個人であって事業者以外の者によって設立される企業組合を「市民・労働者企業組合」と呼ぶことにする。市民・労働者企業組合は、工芸家、技術者・専門職業者のスモール・ベンチャー、工場労働者による工場再建・自主生産、季節労働者・中高年齢者による労働請負組織等が取り組まれてきたが、1980年代以降女性たちによるコミュニティ・ビジネスや環境型ビジネスなどが増えている。

　企業組合の数は、全国中小企業団体中央会の調査によれば、2,000を超えている。そのうち約2割は「事業所分散型企業組合」と呼ばれ、一定の地域に所在する（または同一業種に属する）個人事業者の事業所を企業組合が統括して協同経営するという特殊な形態の企業組合であるから、これを除いた約1,600社の企業組合の3分の1に当たる530社程度が市民・労働者企業組合である。さらにこのうち休眠状態の組合が約15％あると考えられるのでこれを除くと、活動組合は約450社となる。

　市民・労働者企業組合が企業組合制度化以来どのような推移をたどったかを見ると、昭和20年代から今日まで500社から1,000社の水準を維持し続けてきた。企業組合の総数は、1954年の11,142社をピークとして漸次減少傾向をたどってきた中で、市民・労働者企業組合は一貫して企業組合の3割程度のウェイトを占めてきた。また、1980年以降企業組合の新規設立件数は総数で減少傾向にあったが、2000年以降増加（事業所分散型企業組合を除く設立件数は、1998年21社、99年34社、00年74社、01年70社、02年107社）し

ており、そのうちの過半数が市民・労働者企業組合で、市民・労働者による企業組合の新規設立は増えている。

また、現存している企業組合を事業者企業組合と市民・労働者企業組合別に見ると、事業者企業組合の71％が昭和40年以前に設立されたものであるのに対して、市民・労働者企業組合は28％、平成以降に設立されたものが事業者企業組合では5,4％であるのに対して、市民・労働者企業組合は20,1％に達しており、企業組合の中で市民・労働者企業組合が活発に設立されていることがわかる。現存の市民・労働者企業組合うち、16％が昭和30年以前に設立されており、比較的長期にわたって活動してきたものも少なくない。

全国に広がる市民労働者企業組合

次に、市民・労働者企業組合は、概ね全国的に設立されているが、地域的には偏りが見られ、100社以上設立されているのは、北海道、長野県、東京都で、この３地域だけで全体の60％弱を占める。設立認可権限を持つ都道府県、設立指導している都道府県の中小企業団体中央会の企業組合に対する理解が必ずしも十分でなく、市民の企業組合設立に対する期待に応えているとは言いがたい。

各業種に広がる市民労働者企業組合

図4-2で市民労働者企業組合の業種別分布を見ると、製造業から卸・小売業、サービス業まで産業構造のすべての部門にわたって組織されていることがわかる。製造業では、家具木工、食料品、衣服など消費財が多いが機械・金属、化学・ゴムなどの生産財も食料品と同程度ある。建設、運輸は、当該労働者が集団経営体を形成したものである。卸・小売の中には旧食料配給公団の廃止に伴い従業員が農林省の指導で企業組合を結成して米穀小売店を始めたものが半数以上ある。サービス業の中には、中高年の失業対策の団体も相当数含まれている。林産業は、山林労働者により結成されたものが多く、山林作業の請負、椎茸など林産副産物の生産などが行われており、生産森林

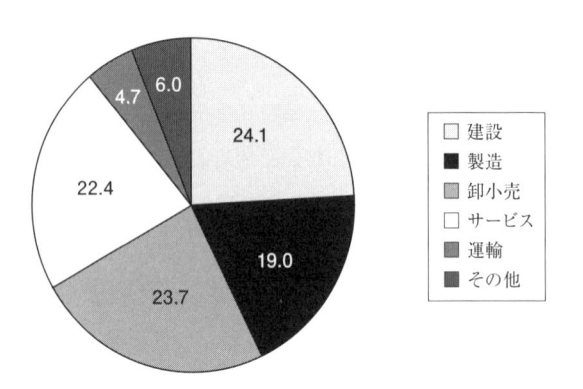

図4-2 労働者企業組合の業種分布

- 建設 24.1
- 製造 19.0
- 卸小売 23.7
- サービス 22.4
- 運輸 4.7
- その他 6.0

1997年全国中小企業団体中央会調査

組合の事業を補完し山村で一定の役割を果している。

このように、市民・労働者企業組合は、日本の産業社会の中に広がりと多様性を持って活動しているのである。

市民・労働者企業組合の経営業績

市民・労働者企業組合は、小規模のものが圧倒的に多い。1996年の時点のデータでは、組合員10人以下の組合は45％で、50人以上の規模の大きい組合が22％あり、平均では95人となる。出資金額は、500万円未満の組合が68.6％に上り、平均で633万円であり、組合員1人当たり6万7,000円となる。年間売上高は、5,000万円未満の組合が31.5％を占め、5億円以上は8.4％、平均約1億7,600万円である。小規模な市民労働者企業組合が大多数を占めているために1組合平均の所有資産は5,400万円程度（1987年9月のデータ）である。平均総資本回転率は3.6となり、一般的に言えば、少額の資本を効率的に運用する典型的な小企業の体質を持っている。

さて、経営の業績はどうか。1996年直近の決算で黒字計上組合が67.8％、赤字計上組合32.2％であり、損益で見る限り一般の小規模企業の状態よりも業績は悪くはない。

剰余、欠損の内容に立ち入ってみよう。赤字組合の欠損金額は1組合平均で約375万円で、1,000万円以上の組合は8.5％あるが、一般企業と比較して著しく大きい比率ではない。一方、黒字組合の利益剰余金は、1組合平均で約364万円で、1,000万円以上の組合は10.1％である。

次に、市民労働者企業組合の結成によって、どの程度の満足が得られたか、組織の選択理由と満足度の両面から見よう。図4-3は、企業組合という組織形態を選択した理由を回答頻度（組合数、％、3問複数回答）で示したものであるが、民主的で公平な組織である点、仕事を創造するのに適した組織で

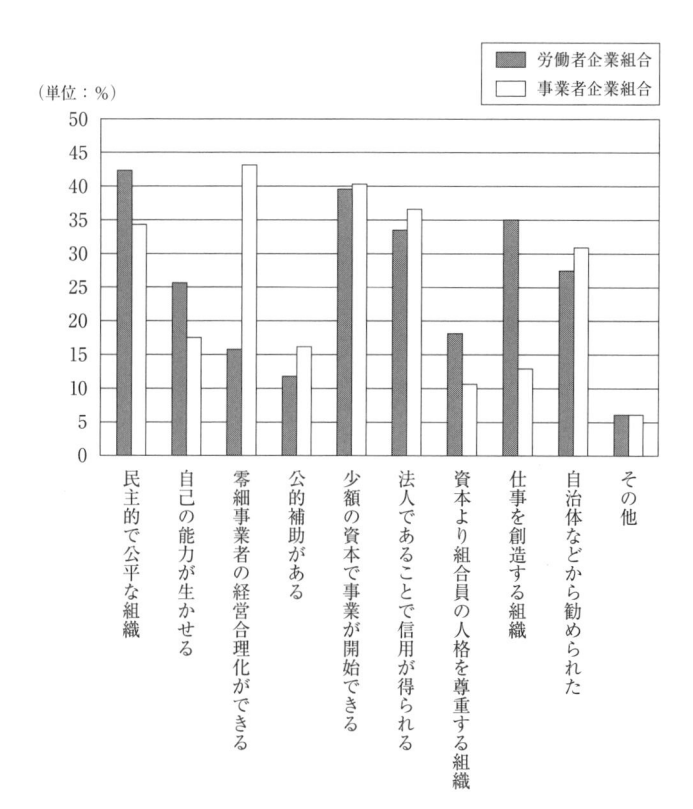

図4-3 企業組合を選択した理由（3MA）

（グラフ：労働者企業組合、事業者企業組合の比較。項目：民主的で公平な組織、自己の能力が生かせる、零細事業者の経営合理化ができる、公的補助がある、少額の資本で事業が開始できる、法人であることで信用が得られる、資本より組合員の人格を尊重する組織、仕事を創造する組織、自治体などから勧められた、その他）

出所：図4-2に同じ。

ある点、これらに比べれば少ないが自己の能力を生かせる組織である点などが主な理由となっている。自営業を営んだ経験のない労働者や女性たちが協同して仕事を開始しようとするときに、比較的に適合しやすい組織形態として企業組合が選択されたことを示している。

さて、市民・労働者企業組合結成による組織成果に対する評価は、表4-1に示すとおり、市民労働者企業組合の場合は、「効果があった」と54％が一応認めている。事業者企業組合は、事業者の集団であるだけに企業経営として評価は相対的に厳しいものとなっている。これに対して、市民労働者企業組合の場合は、どのような動機であるにせよ仲間とともに協同して少額の資金を出し合って働く場をつくり、曲がりなりにも、生業が立つところまでこぎつけることができた、そこそこの満足感が、相対的に見て高い評価となって表れている。

表4-1　組合設立の効果（％）

	労働者企業組合	事業者企業組合
効果は大いにあった	54.3	32.0
どちらともいえない	34.1	49.6
効果はあまりなかった	11.6	18.3

経済に占めるウェイト

日本の市民・労働者企業組合の総経済規模はどれくらいか、データ少し古いが1987年9月1日現在活動している519社のうち178社の調査結果から推定すると次のようになる。

市民労働者企業組合には、合計約25,000人の人々が組合員として参加し、この外約2,000人が従業員として雇用されている。年間売上高総額は約1,000億円、資産総額は約280億円の規模になる。これは、中程度の上場会社1社分程度の規模であり、巨大化した企業社会から見れば大きいとは言えないが、市民・労働者生産協同組合がイギリスやフランスと同様に無視できないウェイトを持って存在していることを改めて確認することができる[14]。

5.「協同労働の協同組合法案」の登場と法案要綱批判

　「協同労働の協同組合法」の制定の動きは、2000年に入ってから始まった。この運動に対しては、違和感を禁じえなかったのであるが、その理由は、既存の生産協同組合運動を無視して類似制度を法制化することになるからである。また、その上、協同組合運動の在り方にもかかわるからである。

　筆者はかつて、日本においては、大正・昭和初期、戦後復興期、そして現在の3期にわたる「労働市民生産協同組合」の歴史があったことを指摘し、その歴史的経験を踏まえてより良い制度の形成と運動の育成を図る必要を主張したことがある[15]。1980年代に入り、ワーカーズ・コレクティブへの関心が高まり、運動の必要性が盛んに論じられたのであるが、その提唱者たちは、日本には生産協同組合制度が存在しないと信じ込んでいた。大正・昭和初期の工場自主管理運動の流れの中で労働者による自主管理事業体が数多く生まれ、中には測機舎の例のように最近まで存続した事例すらある。

　第2次大戦後日本においては、生産合作社運動があり、そこから企業組合制度が発足した事実を確認し、その上に立って、生産協同組合運動の普及と制度改革の必要性を論じてきた立場からこの立法には、強く反対した[16]。

　ここで、改めて「協同労働の協同組合法」案と「企業組合」との比較、立法の問題点、協同組合運動との関係について検討しておきたい。

企業組合制度と酷似した組織

　2009年6月に「協同労働の協同組合法制化をめざす市民会議」が公表した「労働協同組合法案（仮称）要綱案」（本稿では「協同労働法案」と略称する。）[17]をもとに、企業組合制度と比較したのが表4-2である。

　このように協同労働法案に示された新法人は、協同関係を望む個人が集団を形成し、出資し、事業に従事し、共同で経営する形式と法人格、有限責任制など組織の基本原理を備えている。これは、明らかに生産協同組合であり、

半世紀以上にわたって存在してきた企業組合制度と基本的に異なるものではない。

表4-2 「労働協同組合」法案と企業組合比較

	「労働協同組合」法案	企業組合
目的	共同出資・経営・就労の法人組織、就業機会確保、地域社会貢献	個人事業者の協同生産化、勤労者・失業者自らの協同生産組織、公正な経済活動の機会確保、経済地位向上
組織	協同出資・協同経営・協同生産	同じ
基準	1. 加入脱退自由 2. 議決権、選挙権平等 3. 剰余金配当の従事分量配当優先・出資配当制限	1. 相互扶助目的 2. 加入脱退自由 3. 議決権、選挙権平等 4. 剰余金配当の従事分量配当原則、出資配当制限 5. 直接奉仕原則 6. 特定政党利用禁止
事業	1. 物品の製造・販売役務提供 2. 組合員の福利厚生、教育 3. 活力ある地域社会実現に必要な事業	定款で定めればいかなる事業（製造・販売・役務提供等）も可能。
法人格	法人格	同じ
組合員	定款で定める個人 　原則として事業従事 　ボランティア組合員＊ 　出資のみの組合員＊	1. 協同事業に参加する個人 　1/2以上は従事組合員、従事者の1/3以上は組合員 　出資の過半数は従事組合員所有 2. 特定組合員 　組合事業へ物資・役務・技術提供者、組合事業を利用する者
組合員の責任	出資額限度の有限責任	同じ
従事組合員	雇用保険、労災保険適用 従事組合員の労働法等適用除外	雇用保険法等で運用
組合財産の確認	脱退者へ持分払い戻し	同じ
役員	理事・監事	同じ
会議	総会・理事会	同じ
設立	公証人による定款認証・登記(準則主義)	都道府県知事の認可・登記
監督官庁	厚生労働省	業種を所管する各省の共管と都道府県知事

出所：「協同労働の協同組合」法案は、議院法制局作成といわれる法案要綱案（作成年月日不詳）から著者作成
(注) ＊印の部分は、「ワーカーズ協同組合（仮称）法（協同で出資し、協同で労働する組織の法律）・要綱案（2008年2月20日）「協同労働の協同組合」法制化をめざす市民会議（笹森清会長）にある。

企業組合との相違点

一方、相違点について検討しておこう。

① 目的は、協同労働法案では、就業機会の自主的確保と地域社会貢献とされ、企業組合では、あらゆる目的を包含し広く規定している。企業組合に比べて狭い。

② 企業組合の場合は、協同組合の基準原則をすべて適用しているが、協同労働法案では一部分のみ適用している。相互扶助、加入脱退自由、直接奉仕、政党活動からの自由についての規定は除かれている。中でも相互扶助原則という最も重視すべき理念を放棄することは論外と言わざるをえない。

③ 設立は、協同労働法案では、公証人の定款認証で登記する「準則主義」とされ、企業組合は、都道府県知事の認可制度である。準則主義の採用については、他の生産協同組合、協同組合制度との整合性が求められる。また、無限定の任意集団が、定款で定める事業を自由に実施し、しかも、法人税率が一般の中小企業よりもさらに軽減されることになれば、偽装法人成り等の制度悪用が懸念されるだけでなく、法人税制全体との調整が必要とならざるをえない。

④ 監督官庁は、協同労働法案は厚生労働省とされるが、企業組合は業種を所管する各省の共管、運用は都道府県知事に委任されている。地域分権という見地から疑問である。

⑤ 協同労働法案は、事業の中に組合員の福利厚生や教育が含まれているが、企業組合の組合員に対する福利厚生等は、組合内部機能として「事業」としては規定していない。生産協同組合の事業は第三者を対象として行われるが、事業の主体者である組合員に対するサービス機能を「事業」と混同している。

⑥ 協同労働法案では、連合会の制度化を求めているが、生産協同組合の連合団体が協同組合連合会と同じ性格の団体となりうるかに疑問が生じる。合作社法案には、連合組織の規定があったが、当時制定された独禁

法は、経済民主主義の見地から事業者団体の統制を排除する考えに立っていたため、企業組合には連合体が認められないこととなった経緯がある。この点をどう考えていくかは課題である。

⑦　法人税率について、協同労働法案では、一般の協同組合と同様に軽減税率の適用を求めているが、企業組合は中小法人と同じ税率が適用されている。生産協同組合の法人税率を一般協同組合並の軽減税率を適用することは理論的に困難だとされてきた。すなわち、一般協同組合の剰余金の主体部分は、利用料収入の過徴収によって生じたものであり、一般法人並みの課税よりも軽減する必然性があるが、生産協同組合の剰余は、一般法人と形式的には変わらないので協同組合軽減税率と同様の軽減措置の適用はできないという。このような経過で、現存する生産協同組合の税率は横並びとなっている。したがって、他の生産協同組合税制、協同組合税制、中小法人税制との整合性を確保する必要がある。

⑧　協同労働法案では、従事組合員は全員労働者として労働災害、社会保険の適用を求めているが、企業組合の場合は、理事は従事組合員であっても使用者として扱われることが多い。これは、労災保険や健康保険法の運用の問題であり、組織法で解決できるわけではない。

このように、「協同労働法案」の基本構造は企業組合と酷似しており、企業組合制度で運用できる。ただし、税法や労働関係法の運用問題は、農事組合法人など他の生産協同組合と共通の課題であって、「協同労働法案」を制定すれば解決できるというわけではない。税制や労働保険制度の運用は、各制度の運用の問題であり、組織法では解決できない。

協同労働法案は、企業組合の組織法制で実現可能であり、新法を制定する必然性はないと言わざるをえない。

「協同労働の協同組合法制化をめざす市民会議」のパンフレット[18]において笹森会長は、資本と労働と経営を一体的に運営する協同組合法が日本にはなく、これが欠けている社会ではいけないと立法の必要性を訴えている。

この発言は、企業組合はじめ生産協同組合の法制度に対する無理解を露呈したものと言わざるをえない。

日本には、出資・労働・経営の三位一体の非営利事業体である企業組合制度が1949年から60年間も存在しており、協同組合制度の分類で言えば「生産協同組合」として協同組合の一翼を担ってきた。企業組合は、工業・商業・サービス業部門で、農事組合法人、生産森林組合、漁業生産組合は農林水産業部門の生産協同組合をそれぞれ担ってきたことを再確認する必要がある。

さらにこのパンフレットの中で、企業組合を、「営利目的の組織」と批判している[19]。これは全くの事実誤認で、企業組合は、協同組合法で協同組合原則で定められた生産協同組合であり、出資型の非営利事業体である。「非営利」とは、株式会社のように、出資に対する剰余金の配当の極大化を第一義的に追求する「営利」に対して、出資配当を制限する協同組合等は非営利とされる。企業組合運動関係者から見れば「営利目的」という批判は受け入れがたいものである。

6. 市民協同の生産組織の展望

6-1. 中国の「集体企業」の改革と「機関化」

今日の企業組合のもとになった生産合作社運動が、中国の工業合作社をモデルにしたものであることはすでに述べた。そこで、中国における生産合作社の現状と改革を概観し、そこから課題を考えたい。

今日の中国の企業体制は、国有と私有体制とその中間に集団所有があり、集団所有に属する企業形態は「集体企業」である（表4-3）。

「集体企業」は、日本語に直訳すれば「集団企業」であるが、日本で集団企業という概念は「資本的集団企業」、「人的集団企業」等企業論の概念として伝統的に用いられてきたものであり、これとの混同を避けるため、「集団所有企業」と訳すのが適当と考える。

表4-3　所有制と企業区分

公有	全人民所有	国有企業 国有独資公司
	集団所有	都市集体企業 郷村集体企業
	混合所有	国家股份有限公司（国家持株の株式会社）
	私　　有	個体工商戸（個人事業者） 個人独資企業（個人所有企業） 合伙企業（LLP） 股份有限公司 有限責任公司 外資企業（外資による公司、三資（香港・マカオ・台湾系外資）企業）

　さて、中国の「集体企業」は、都市部で商工業を行う「城鎮集体企業」と農村部で農村において農民と郷・村などの自治体が共同出資して農業関連産業や農民の生活用品などを生産する商工業を行う「郷村集体企業」という特殊な形態がある。ここでは都市集体企業について検討する。

集体企業の基本的構造 [20]

　第1に、所有制における位置づけは、国有企業に準ずる「社会主義公有制」の一形式という地位が与えられている。

　すなわち集体企業は、「城鎮集体企業条例」（1991年公布）により規定されており、条例においては、城鎮集体所有制経済は、中国社会主義公有制経済の基本的部分の一部であり、国家は城鎮集団所有制経済の発展を奨励し援助する、と定め、国有経済単位とともに社会主義公有経済の一翼を担う重要なセクターとして位置づけられている。

　第2に、集体企業の所有形式については、次のように定義されている。

　集体企業の財産は、労働大衆の集団所有に属し、共同労働を実行し、分配方式は労働に応じて分配する社会主義的経済組織であるとされる。所有・労働・分配の三位一体の協同事業体であり、西欧におけるいわゆる生産組合、労働者生産協同組合や日本における「企業組合」とほぼ同様の組織形態である。

第3に、集体企業が従うべき原則については、自由意志による協力、自主的な資金調達、企業の独立採算、損得の自己負担、自主経営、民主的管理、集団による蓄積、自主支配、労働に応じた分配、出資金に応じた配当」の10項目が定められている。これは、集体企業の前身の企業形態である「生産合作社」の原則を継承したものであり、国際協同組合同盟の協同組合原則にほぼ沿ったものである。

　第4に理念・任務・目標については、次のように定められている。

　まず集体企業の理念については、刻苦奮闘、勤勉節約の精神を高揚すべきであり、互助協力、共同富裕の道を歩むべきである、と規定している。ここでいう「互助協力」は相互扶助と似ているが「互いに助け合い協力する」ということであり相互扶助とは異なるニュアンスを持っている。「共同富裕」は、改革開放のスローガンになっている言葉である。

　集体企業の任務については、市場と社会のニーズに応じて、国家の計画指導のもとで、商品生産を発展させ、商品経営を広げ、社会にサービスを提供し、富を作り出し、蓄積を増やし、絶えず経済効率と社会効率を向上し、社会主義経済を繁栄させることである、と規定している。

　西欧型の生産協同組合は、参加する組合員の自主性に基づいて共同体が独自の目標を形成するのであるが、集体企業の場合は、経済（市場）と社会の必要に応じて活動するとされ、その場合に政府が一定の方向で指導することが付加されるのである。そこにおける政府が示す一定の方向というのは、「商品生産を発展させ、商品経営を広げ、社会にサービスを提供し、富を作り出し、蓄積を増やし、絶えず経済効率と社会効率を向上」することであり、そして社会主義経済を繁栄させることである。都市集体企業は、国家の目標を共有してミッションを行う共同体である。

　第5に党、国家との関係である。

　集体企業の財産およびその合法的な権益は、国家の法律によって保護され、侵害されてはならないと規定され、国家の都市集体企業に対する保護は規定されている。

また、いかなる政府部門及び個人も、集体企業の集団所有制の性格を変えてはならず、集体企業の財産所有権に損害してはならず、集体企業に対し、人、物、金を調達してはならず、集体企業の生産経営および民主的管理に干渉してはならない、と規定して、集団所有経済の尊重、企業の自主性の尊重、干渉の排除を明記している。

しかし、一方では共産党との関係は、都市集体企業に置かれる党組織は政治的指導の中核として当該企業の思想的政治活動を指導し、党、国家の方針、政策に沿った運営が実行されるよう監督すると規定している。

さらに、集体企業に対しては、中央・地方の人民政府の「国民経済及び社会発展計画」に組み込み、それを支援、指導するほか、国務院都市集団経済の主管部門は、集団経済の発展政策、法律、法規を立案し、全国都市集団経済発展における重大問題の調整を行い、関係方面を組織し、都市集体企業に対する政策、法規の執行を監督し検査する。また市（県級市を含む。）以上の人民政府は、集団経済発展の必要性の程度により、集体企業の指導部門を確立し、集体企業に対する政策的な指導を強め、地元における都市集団経済問題を調整し、関係方面を組織し、都市集体企業に対する政策、法規の執行を監督し検査する。

このように、国家の中枢機関である国務院から末端の地方政府の部門に至るまで、マクロ的計画管理、法整備、集体企業に対する監督と物心両面の支援がきめ細かく規定されている。

第6は、企業の管理責任体制である。

集体企業の責任体制については、「廠長責任制」であると定め、さらに、従業員代表大会が集体企業の権力機構であり、企業管理者を選出し罷免する。また、経営管理などの重大問題を決定する。

廠長は、従業員大会で選任され、事業の代表者として責任を持つ。また、企業の規約（定款）の決定も従業員大会が行うことになっており、従業員支配型の企業と言ってよい。ただし、従業員大会は、国家の法規の定める範囲内で運用され、国家の規定に従い廠長の任免を行うという、制約がついてい

ることに留意する必要がある。

多様な投資主体が参加した集体企業であって、国家投資の割合が一定以上に達するもの、すなわち国家の所有が一定以上に達する比較的規模の大きい集体企業については、管理監督機関が廠長を選出、罷免することができると定めており、国有企業並みの国家関与が規定されている。

廠長に関しては、備えるべき条件を次のように細かく定めている。

① 関係する法律、法規及び政府の方針、政策を理解し、集団の社会主義的経営方向を堅持すること。
② 本業界の業務に詳しく、経営管理に長け、組織、指導能力を有すること。
③ 集団を愛し、不正、収賄をせずに公の勤めを果たし、大衆と連帯し、民主的であること。

第7は、集体企業の「自主性」である。

集体企業は、「自由意志による協力、自主的な資金調達、独立採算、損得の自己負担、自主経営」という原則のもとに運営されるもので、自主性が一応保障されている。しかし、すでに述べたとおり、国家の目標を国家と共有してミッションを行う制限的な自主性と言うべきであろう。

集体企業は、国家の法律、法規が定めた範囲内で、財産の占有、使用、収益および処分を内容とする処分権の行使ができると定められ、自主的に生産、経営、サービス活動を行うことができるが、製品価格、労務価格の決定は、国家権限に属する物資と関係主管部門が価格を決定するもの以外のものに限られる。

集体企業に対しては、生産から販売、価格決定、資金の借り入れ、出資等実務面における広範囲の権限が与えられ自主経営が保障されているが、細部にわたり国家の介入や制限がある。

第8は、出資と分配である。集体企業は、労働者や個人が出資し、共同で労働し、共同で管理運営される企業体である。したがって、個々人が行った出資は、企業活動の結果企業資産として蓄積され、その資産は出資者個々の出資額の比率に応じた持分を形成する。集体企業では、この関係がどのよう

になっているか見よう。

　城鎮集体企業条例37条には、集体企業の公共蓄積は、本集体企業の労働大衆の集団所有に属する、という規定がある。公共蓄財とは、企業内部に長期間かけて蓄積された資産（固定資産や現金預金などになっている蓄積分）を意味するが、この内部留保された資産増加部分は、個々の出資者の持分と認めず、「労働大衆の集団所有」すなわち分割されない「共有財産」とされる。

　集体企業が連合経済組織に対して行った投資に関しては、38条で、「その連合経済組織の労働大衆の集団所有に属する」と定め、同様に分割されない「共有財産」とされる。

　従業員が行った出資金については、40条で、「従業員の個人所有に属する」と規定している。従業員の出資部分は、個人の持分として認める、ということである。

　都市集体企業以外の組織と個人の出資は、投資者の所有に属する（41条）と規定している。このように、集体企業の出資のうち、従業員、個人、個人以外の者の出資部分は、それぞれの私有権を認め、それ以外の共有部分や集体企業が他の集体企業に出資した部分は非分割の共有財産とする、という区分になっているのである。

　一方、利益の配分、剰余金の配当はどのように規定されているのだろうか。

　集体企業の従業員の労働報酬は、労働に応じた分配の原則に従わなければならないとされ、具体的な分配形態と方法はそれぞれの集体企業が定めることができる。労働に応じた配当とは、労働の熟練度、能率、生産への貢献、労働時間等を総合的に勘案して行われる。

　集体企業の利益の配分は、国家、集団及び個人の三者がともに利するという原則に従って行われる。具体的には、税引後の剰余金を国家の規定に基づき、一定の比率を確定して、公共積立金、公益金、労働配当及び出資配当に充当するということである。

　剰余金の配当に関しては、次の手順で行われる。

　① 　税引前の利益から従業員の養老、失業等の保険基金を引当てる。

② 集体企業の出資金配当は、企業の利益に応じ出資に比例して行う。
③ 集体企業は、税引き後の利潤を自主的に処分できる。集体企業は、国家の規定に従い、公共積立金、公益金、労働配当及び出資配当に充当する。

第9は従業員大会、労働組合との関係である。

集体企業の規約を承認し遵守し、企業に採用されたものは、都市集体企業の従業員となることができ、従業員は従業員大会を通じて集体企業の経営を支配するとされる。

集体企業は従業員大会制度を設けることが義務づけられ、従業員100人以下の集体企業は、従業員大会制度、300人以上の集体企業は、従業員代表大会制度、100人以上300人未満の企業は、従業員大会か従業員代表大会制度のいずれかを設置することが義務づけられる。従業員大会は、都市集体企業の規約の制定、廠長等の選任等大きな権限を持つ。

集体企業は、1920年代から中国各地で実践されていた「工業合作社」を社会主義革命後に全国に普及させ、個人事業や商工業を社会主義的に改造するための組織として利用したものであった。工業合作社は、庶民や労働者などの無産階級の人々が地域単位で地域資源や手持ち資金を持ち寄り、農産物加工品や生活物資を生産する、いわゆる民衆による「生産協同組合」である。当時の生産合作社の制度がアメリカ人やニュージーランド人の協同組合運動家により日本に持ち込まれ、「日本生産合作社」の運動が起こったことは前述した。1958年から始まった「大躍進」政策においては、多くの工業合作社は国営の「工場」に格上げされ、国家または地方政府の直轄となり、経営自主権はなくなり、経営の主体であった労働者は、賃労働者となり、労働者による協同組織としての性格は失われていった。しかし、大躍進の失敗により1960年以降には「国営工場」は、再び集団所有制に戻されることとなった。しかし、社会主義建設時期の工業合作社の形式に単純に戻されたのではなく、「集体企業」という新しい集団所有企業として再出発することとなったのである。1960年から70年にかけて集体企業は都市工業の中心的存在に成長した。

1980年代以降改革開放政策のもとで進められてきた企業改革の中で、集体企業の方向には異なる２方向が併存している。ひとつの方向は、労働者により設立されたものは、労働者の出資、協同労働、協同経営を原則とする労働者協同生産体の方向である。これは、社会主義革命初期の工業合作社の原理であり、労働者自治型の集団所有企業である。一方、国家の出資を受け、国家計画に沿って生産を行う企業は、国有企業と同様に国家の強い指導や介入が行われる。これは、集団所有の形式をとっているが、所有の集団的意思は発揮されず、国家の計画のもとにコントロールされる「機関」としての会社である。これは、国有企業の改革と同一方向にあると言ってよい。

　図4-4は、国有・集体・私営の３企業体制の序列と依存関係の仮説を図示したものである。ここでは、問題を単純化するため、「混合所有」については省略する。国有企業は国家体制の象徴的、理念的存在であり、一方、私営企業は実質的存在であると考えてよい。国有企業は、資源、エネルギーその他の基礎素材の生産、重要な生産財の計画的供給を担う。ここにおいて集体企業は、国有企業に準じた「準理念的存在」と言えるもので、協同労働に適

図4-4　国有・集団所有・私営３企業体制の序列関係

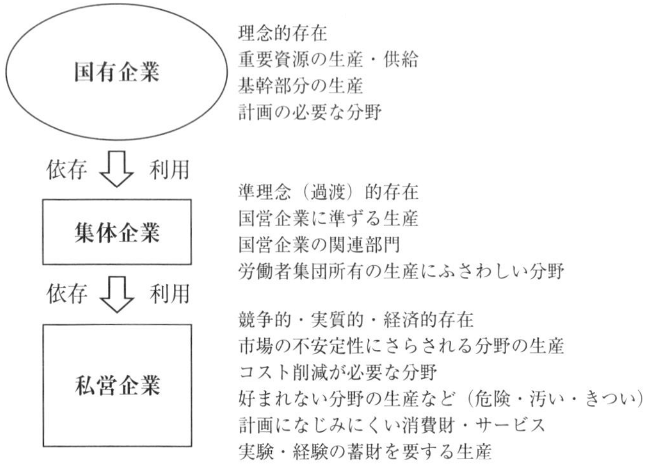

国有企業
　理念的存在
　重要資源の生産・供給
　基幹部分の生産
　計画の必要な分野

依存 ⇩ 利用

集体企業
　準理念（過渡）的存在
　国営企業に準ずる生産
　国営企業の関連部門
　労働者集団所有の生産にふさわしい分野

依存 ⇩ 利用

私営企業
　競争的・実質的・経済的存在
　市場の不安定性にさらされる分野の生産
　コスト削減が必要な分野
　好まれない分野の生産など（危険・汚い・きつい）
　計画になじみにくい消費財・サービス
　実験・経験の蓄財を要する生産

合した生産に応用されるほか、国有企業の関連部門、下請生産といった生産を担う。私営企業は、実質的、経済的存在であり、消費財、サービス財等の競争的で不安定な分野の生産にふさわしいとされる。こうした、相互依存性を持つ３つの形態を序列的に配置して、産業経済の複雑な体系を安定的に構成するのが中国の特徴である。

　中国の企業体制は、国有・集団所有・私有の３つの所有形態の併存を前提に、それに適合する企業制度を多様に整備してきており、いまもその途上にある。国有企業改革においては、国有企業を股份有限会社（株式会社）に組織変更して国家の持ち株を国有資産管理機関に事実上の株主として機能させるとともに、私有企業や個人にも株式を公開保有させることも行われてきた。こうした国有会社の株式保有の多角化（私有化）の進行は、企業意思決定における自立化への変化を促す可能性を広げるものと考えられるが、国家資本（全人民所有の社会的資本）の相対的低下が企業の自立性を直ちに高めるわけではない。中国の企業改革において見られる傾向は、企業の「機関化」である。

　米国や日本においては、今日の株式会社は、いまや株主支配やパートナーシップの残存から逃れた、独立した「構造」であり、一連の強い原則に基づいて独自の存在と能力を企業人に対して強制するインスティテューション（機関）となっている。この「機関化」という問題は、中国において鋭く表れる可能性をもっている。もともと中国の国有企業は、国家と一体となって社会的目標を共有し、それを実行する「経済機関」として機能してきたのであり、その傾向の上に企業改革が進められる。したがって、国有企業の改革の流れに沿って、集体企業も「機関化」の流れを強めていく可能性もある。したがって、中国においては、労働市民の自立的な「生産合作社」の方向は弱まり、国家目標と計画に従属する「機関化」の色彩を強めていく可能性がある[21]。

　なお、ソ連邦解体と社会改革を急進的に進めたロシアでは民営企業の育成が十分に進まず、逆に企業の国有化が進んでいるが、コーペラチフ

（кооператив）という生産協同組合が、民営企業セクターのなかで重要な存在となっている[22]。

7. 市民協同組織の展望

　企業組合は、協同組合研究者や関係者の間でさえ、いまだに正しく理解されているとは言いがたい状況にある。その理由のひとつは、企業組合が中小企業者の協同組合という範疇と見られるためではないだろうか。企業組合は中小企業等協同組合法の中で規定されており、一般に中小企業の組織のひとつと見なされやすい。その上、企業組合の設立指導が中小企業団体中央会によって行われており、中小企業組織化政策の一環として行われる傾向がある。企業組合が中小企業者以外の一般市民や失業者などが設立できることは、一般には知られていない。各都道府県の中小企業団体中央会の設立指導する担当者にも企業組合に対する知識が行き渡っているとは言いがたい。企業組合の設立認可を担当する都道府県の商工部局の担当者は、認可前の指導を中小企業団体中央会に依存し、それは全国中小企業団体中央会のガイドラインに沿って設立指導を行うので、企業組合の設立指導の中心は、中小企業の協同化に力点が置かれ、一般市民や失業者の企業組合に対する理解が十分とは言えない。

　また、企業組合が社会に正しく理解されない、いまひとつの理由は、戦後日本の協同組合運動や労働運動において生産協同組合は疎外され続けてきたことがある。協同組合運動の主流であった農協や生協などは、生産協同組合をアナーキズムの運動として排除してきた経緯があり、生産協同組合運動に対して冷淡で、労働運動や既成の左翼政党も、基本的にはボルシェビキの側から生産協同組合運動を消費組合や労働運動に従属させるか、疎外する側に立ってきた。戦後、各種の協同組合が制度化され、その中に農林水産業の生産協同組合や企業組合が誕生したが、協同組合運動も労働運動も生産協同組

合を協同組合運動の一翼に加えることはなかったのである。

そこで、市民協同の事業体をどのように構想すればよいのか。

不完全であれ、国際的連帯と市民の運動から生まれ、今日まで存在している「企業組合」を改良、改革していくことから始める必要があると思われる。

企業組合の特徴の第1は、協同組合型企業であり、一般によく知られている生協、農協、事業協同組合など「利用協同組合」とは異なる「生産協同組合」である。「利用協同組合」は、組合員の一部の機能を集約的に実施して組合員が利用するのに対して、「生産協同組合」は、組合員たる個人は組合の生産活動に直接参加し、全員一体となって協同の生産（物的な財であれサービスのような無形の財であれ、必要な生産）を行い、第三者に対して供給する経営主体となる。形としては、独立した経営体としての会社と変わるところはない。

とはいえ、会社と異なるところは協同組合であるということである。これが第2の特徴である。

個人が集まり、出資し、共同で事業に従事し、共同で経営支配する経営体で、協同組合の基準原則が適用される協同組合経営体である。会社の主体者は株主で、経営者も従業員も株主団体の外部の存在でしかないが、企業組合の構成員（組合員）は、出資をし、事業に従事し、協同経営する、出資・従事・経営の三位一体である。言い換えれば、所有と労働と経営支配を統合したところに意義がある。会社は、労働者を雇用して、労働力を賃金で購入して活用するが、企業組合は、労働力を雇用するのではなく、労働をする者が事業を企画・編成・実行・管理する。「雇用」とは別の「働く」者が主体となった事業体の形態である。そこには、雇われない新しい働き方を具体化する可能性が込められている。

さらに重要な特徴の第3は、企業組合のガバナンスの主体は従事組合員であるということである。企業組合の出資総口数の過半数は従事組合員が所有しなければならず、企業組合の統治は従事組合員が果たすことになっている。労働者の雇用が一部容認されるが、これは組合員の教育や技能訓練のた

めの「準組合員」的な存在が必要な場合等を想定しているためで、定款で制限することができる。なお、協同労働法案では、組合員は「原則として」事業に従事する、と定めるとされるが、「原則として」というあいまいな規定では企業組合よりもさらに多くの雇用労働者の受け入れが可能となり、従事組合員のガバナンスが確保されないことになる。

　第4の特徴は、非営利事業であることである。

　企業組合は、NPO、公益法人などと並ぶ非営利組織である。これら非営利組織の中で唯一出資制度が存在する（図4-5参照）。剰余金の出資配当を容認しているので、企業組合は営利目的だとする批判があるが、出資配当を完全に制限することは私有財産制との関連で逆に許されない。したがって出資配当を制限しながら従事配当を行う形になっているのである。非営利という概念は、出資に対する配当を極大化することを目的とする「営利」に対し、配当を目的としないということである。金銭出資に対する配当を制限する場合は、定款で記載し、各組合員が出資を行うに際して約束するという手続きを経れば実現できる。

　第5の特徴は、相互扶助（Mutual Aid）である。

　企業組合は、企業形態の分類に照らせば、人的集団企業、すなわち、パートナーシップ（同士的個人の共同会社や合名会社など。）に属し、ある特定の理念や希望を共有する人々の協同性に大きな意義を求めるものである。人的集団企業と対立概念である資本的集団企業、すなわち株式会社は、利潤の

図4-5　営利・非営利と出資・非出資の関係

営　利	会社法人	出　資
非営利	生産協同組合	
	NPO	非出資
	公益法人	

（注）生産協同組合には、企業組合、農事組合、漁業生産組合、生産森林組合が含まれる。

極大化による株式配当と資本蓄積を目的とするものであり、企業組合は、株式会社とは対照的な存在であると言える。

　企業組合はパートナーシップに属するのであるが、その中でも特異な存在である。それは、協同組合原則により運営される事業体であるという点である。協同組合原則は、既に述べたように、相互扶助、直接奉仕、加入脱退自由、１人１票、労働従事義務、出資配当制限等の諸原則、すなわち協同組合原則により運営される「企業体」である。すなわち「生産協同組合」である。労働に従事する組合員の支配権と民主的な運営が保障される企業体であるが、パートナーシップに属する他の企業体と異なる点は、「相互扶助」である。

　「相互扶助」は、「お互いに協力する」という程度の意味ではない。

　相互扶助論は、もともと生物学の理論から出発して、生物の進化において競争と少なくともそれと同等あるいはそれ以上に「相互扶助」や「相互支持」が生物進化における重要な前進的要素であるという実証に基づいて、この原理が人間の社会進化においても適合できるとする思想である。チャールス・ダーウィンが著した『種の起源』は、ハーバート・スペンサーなどにより「社会進化」の原理に応用され、競争、闘争と適者生存論に傾いていく。いわゆる「社会ダーウィニズム」である。市場と競争により最適的な要素が残り、適合できない劣った要素が滅失していくという優勝劣敗の正当性の主張に異を唱えたのが「相互扶助」論である[23]。したがって、「相互扶助」論は、競争と成長の論理の対極にある調和の思想である。企業組合は、成長の問題や限界を越える新たな視点から人々の生活に必要な生産を担うシステムなのである。

　その意味では、相互扶助はオルタナティブであり、成長の限界を越える「対案戦略」となりうるものである。

　企業組合は、組合員の高い理念や理想と強固な団結を基礎として、創意工夫と協同の活力を発揮できれば強みを発揮できる。労働を提供する組合員（従事組合員）を主体とした団結と民主性は、高い理想、強い情熱と団結に基づく組織の力となりうるが、逆にパートナーシップに共通して見られる資金調

達の弱さ、組合員の高齢化による事業活動の弱体化、脱退者の持分払い戻し（組合財産の分割）による資本維持の困難など、企業体としての弱さもある。したがって、企業組合の強みが発揮できなければ、過激な競争市場において生き残ることが難しい面もある。

　企業組合制度発足間もない時期には、復員兵や失業者による「労働者生産協同組合」と零細事業者の生産協同化を目的とした「生産者生産協同組合」が主流であったが、これらは、零細企業や労働者という経済的弱者の団結と協同化による「経済的地位向上」を理念とした共通点がある。一方で昨今では、「市民生産協同組合」が増加しているが、これは生産者や労働者の生産協同組合とは性格が異なる面がある。

　市民型企業組合は、一般に「ワーカーズ・コレクティブ」と呼ばれる。ワーカーズ・コレクティブは、1980年代半ば頃に市民参加型の生協から生まれ、家事サービス、リサイクル、不登校児教育といったコミュニティ・サービスを次々に手掛け、最近では各地の福祉・介護（コミュニティ・ケア）を広汎に担うようになってきた。ワーカーズ・コレクティブは、自分たちの賃金や雇用確保といった「私的利益」ではなく事業を通じて「社会的価値」を創造することが目的とされる。こうした新しい流れに対応して企業組合制度も少しずつ改革が行われてきた。組合員の範囲を組合に「没入」する労働従事型から市民や家庭の主婦などの「ボランティア型参加」にまで拡大したり、「特定組合員」制度を新設して組合員の範囲を弾力化を図るなどの法改正も行われてきた。企業組合制度自体も市民型の生産協同組合の理念を活かし、活動しやすくするための制度改革をさらに行ってゆく必要があろう。

　会社の「機関」(institution)化を最初に指摘したのは、ピーター・ドラッカーであったが、半世紀経てジョエル・ベイカンが『コーポレーション』[24]において、「機関としての企業の使命は極めて利己的であり、他者の損害に無頓着で、病的でさえある」と喝破したことは印象的である。今日の巨大株式会社のこうした歪みの傾向に対抗し、その影響を緩和する役割は、スモールビジネスが持ち続けてきたパートナーシップとしての「人間の協同性」に負

うところが大きいはずである。

　今日の株式会社は、市場において利潤極大化を狙う「市場型企業」である。昨今、株主主権論を根拠に、資本を海外に移転させ、株式配当、株価の上昇を期待する。結果として、雇用の減少、労働分配率の低下を招き、これがデフレの要因にさえなる。ベイカンが指摘した株式会社の機関化という問題は、国民経済への深刻なダメージを与えるものにさえなっている。

　これに対して、中小企業は、出資者、経営者、従業員の協同性を維持する「組織型企業」である。熟練労働を尊重し、人間の生産力に期待し、付加価値の極大化を図り、それを分配する。結果、雇用、労働分配率の低下を食い止め、景気後退局面での消費支出の減退を抑制することができる。

　人間の協同をモチーフとする企業の組織論は、株式会社の「機関化」という問題へ有効な対処となりうる。

　相互扶助と人間の協同という２つを兼ね備える市民協同の生産組織が、多様な形態を発展させ、社会的価値の創造を目標に掲げ、働く者が主体の「ヒューマン・キャピタル」の優位性を発揮していくことが期待される。

　大正期に、高度な技術を誇る職工が会社を離れ、集団で組織した測量機械工場「測機舎」は、女性運動家神川まつの献身的な努力で日本屈指のメーカーの地位を確立した。彼らが青春と生涯をかけて求めたのは、働く者が相互信頼のもとで、自由に構想し、工夫し、努力し、社会的に有用な生産物を生み出し、その成果を公正に分配するソサエティーの実現だった。ポスト工業化、ソフト・サービス化の時代の進展とともに、知識資本の優位が高まり、新しい生き方と働き方や循環型コミュニティの形成を創り出す市民や女性たちの夢を具体化する組織のモデルとなりうるのはないだろうか。

（注）

1）2011年10月8日仙台で開催された「協同の力で復興を！10・8仙台シンポジウム」（発起人代表大内秀明）においては、筆者も呼びかけ人の１人となり、半田正樹氏とともにシンポジウムの司会を務めた。シンポジウムの報告は、大内

秀明他（2012）に収録してある。また、同書に拙稿「市民協同の復興モデル」と題する小論を掲載してある。

2）2011年12月明治大学リバティタワーで開催された、たんぽぽ社主催の「原発被害・震災復興に関するシンポジウム」において、戦後復興期の生産合作社と企業組合の関連について報告し、震災復興プランにつなげる提言をした。この内容は、参考文献、樋口兼次（2013）（『情況』所収）に収録されている。

3）参考文献、日本生産合作社協会（1948）および同協会刊行のタブロイド判新聞、国井長次郎（1979）ほか多くの原資料により、戦後復興期の生産合作社運動の実態を解明した。この成果は、樋口兼次（2013）を参照されたい。

4）日本生産合作社協会作成のガリ版刷り資料（中小企業研究所蔵）

5）日本生産合作社協会が作成した定款は、中国工業合作社の定款の規定をほとんどそのまま引き継いでいる。中国工業合作社の定款その他具体的制度内容は、エドガ・スノー（1946）pp.122-146に収められている。

6）日本生産合作社協会刊行『合作社通信』

7）豊原一郎（1946）参照。なお、豊原一郎は豊田四郎のペンネームであることを生前本人に確認した。

8）信夫清三郎（1946）参照

9）「経済緊急対策」第八項の（2）（中小企業研究所（1948）に収録されている。）

10）「中小工業危機突破に関する要望」の五、協同組合法の改正の項に「生産協同組合法（生産合作社法又は勤労協同組合法）の如きものを制定すること」という項目がある（資料出典は注8）に同じ）。

11）通商産業政策史第3巻、第1期、戦後復興期（2）』第四章諸産業の再建と産業政策（3）中小企業等協同組合法の制定の項（pp.654-665）で、GHQと商工省の折衝過程、国会審議での議論が紹介されている。

12）『大塚一郎博士案 「協同会社法」制定要綱』（B5判ガリ版刷（全9頁）の資料）（中小企業研究所蔵）この資料には、「昭和22年、関西実業家の一部と大塚一郎、竹中勝男、岡村正人、島田啓一郎等学者グループによる新企業形態研究会の提唱によるものである」と記されている。大塚は、「企業民主化の新方式」という論文を経営評論昭和22年9月号に発表し、労資協同社員制を提唱している。

13）大野實雄（1950）p.95参照。これによれば、株式会社の労働者で組織する労

力会社が労働者の利益を代表して経営に参画する。今日のフランス商法に規定が残っている。
14) ここで使用したデータは、全国中小企業団体中央会（1997）の資料に基づいている。
15) 日本の協同組合研究が、往々にして欧米の運動を日本に「移植」するという姿勢から行われ、日本において固有に生まれ発展してきた史実を無視する傾向があることを批判したことがある（参考文献：樋口兼次（2005）pp.6-9）。協同労働法制定運動も同じである。
16) 樋口兼次（2010）において、企業組合制度との類似性と協同経営組織による非雇用型労働の曖昧さが地域の公共サービスを理由に失業者に劣悪労働を強制する組織に利用される危険性の2点を指摘して批判した。
17) この案は、衆院法制局の協力のもとに作成されたという。『せれくと』2010年、No.38、東京ワーカーズ・コレクティブ協同組合発行。p.3.
18) 『人と人のつながりを取り戻し、コミュニティの再生をめざす「新しい働き方」協同労働の協同組合法制化を求めて』2009「協同労働の協同組合」法制化をめざす市民会議作成
19) 同資料 p.5。
20) 集体企業の基本的性格については、樋口・范（2008）に詳しく分析してあるので参照されたい。
21) 樋口兼次・范力（2013）及び樋口兼次（2014）において、国有企業・集団所有企業・私有企業の間の、国家支配の序列的な構造を検討したので参照されたい。
22) 樋口兼次（2014）の校訂稿において、ロシアのコーペラチフ企業について付言しているので参照されたい。
23) 代表的な相互扶助論は、ピエール・クロポトキンが1914年に発表したもの（参考文献：ピエール・クロポトキン、大沢正道訳（1970））が最も有名である。クロポトキンの著作であるという理由で、相互扶助論＝アナーキズムという烙印を押されがちであり、また長年支配的であったボルシェビズムの側からの非難にさらされ、重要な視点が注目されなかったことは不幸なことである。競争と進歩、効率化と持続可能社会の展望といった今日の根本問題の理解にとって、相互扶助論の現代的理解は重要と思われる。

24）ジョエル・ベイカンは、『ザ・コーポレーション』を著した後、これを映画化しアメリカの現代企業の機関化の病理を激しく告発したことで知られる。

〈参考文献〉

エドガ・スノー（1946）『民族の再建―中国工業合作社史―』日本生産合作社協会編訳、工業新聞社出版局

大内秀明他（2012）『10・8仙台シンポジウムの報告・協同の力で復興を！』変革のアソシエ

大野實雄（1950）『労働株の理論』厳松堂書店

国井長次郎（1991）『合作社運動』（国井長次郎著作集第2巻）土筆社（本書に、拙稿「戦後の生産協同組合の展開――幻の生産合作社の足跡を辿って――」が収録されている。）

信夫清三郎（1946）「新経済建設と協同組合」『中央公論』1946年4月号所収

全国中小企業団体中央会（1988）『企業組合実態調査報告書』なお、この調査にあたっては筆者が主査を務めた。

全国中小企業団体中央会（1997）『企業組合の組織および事業活動の現状と今後の方向に関する調査報告書』

中小企業研究所（1948）『中小企業年鑑Ⅰ』

豊原一郎（1946）「中小商工業者の性格と動向」日本共産党中央委員会『前衛』1946年6月号所収

日本生産合作社協会編（1948）『生産合作社の理論と実際』

日本生産合作社協会（1946-1948）『合作社通信』（タブロイド版新聞）

ピエール・クロポトキン、大沢正道訳（1970）「相互扶助論」『クロポトキンⅠ』アナキズム叢書（三一書房）

樋口兼次（2005）『労働資本とワーカーズコレクティヴ』時潮社

樋口兼次（2010）「協同労働の協同組合法に反対する…ワーキングプアの温床の危惧」『労働情報』790・1号、協同センター・労働情報刊所収

樋口兼次（2012）「市民合作的重建模式――生産協同組合（上・下）」『中国集体経済雑誌』2012.5,8号所収、中国工業合作経済学会

樋口兼次（2013）「戦後日本の生産協同組合の発生と展開」『情況』2013／3・4合

併号所収（情況出版）

樋口兼次（2014）『日本的生産合作社』中国青年出版社（2014年2月予定）

樋口兼次・范力（2008）『現代中国の集団所有企業――工業合作社・集体企業・郷鎮企業の発展と改革』（時潮社）

樋口兼次・范力（2013）「中国企業の所有と支配の構造」『白鷗ビジネスレビュー』Vol.23, No.1（2013年10月）所収

樋口兼次（2014）「中国企業の所有と支配の構造（校訂稿）」『白鷗論集』（2014年3月予定）所収

Joel Bakan (2004) "The Corporation The Pathological Pursuit of Profit and Power" FREE PRESS A Division of Simon & Schuster Inc, New York.

第 5 章

東日本大震災と中小企業家
〜地震、津波、放射能、風評被害といった四重苦に立ち向かう福島県の中小企業家〜

日本大学工学部　和田 耕治

1. はじめに

　2011年3月11日、宮城県男鹿半島東南東130kmの太平洋海底を震源とする東北地方太平洋沖地震いわゆる東日本大震災が発生した。地震規模はマグニチュード9.0、日本における観測史上最大の地震であった。この巨大地震による最大震度は宮城県栗原市で震度7を観測し、宮城、栃木、福島、茨城の各県で震度6強、地震は東北地方を中心に多くの建物等が倒壊し、多大な被害をもたらした。

　他方、地震による倒壊ばかりでなく、巨大津波が発生し、東北地方と関東地方の太平洋沿岸部に壊滅的な被害が発生した。2013年9月時点で、震災による死者、行方不明者は18,537人、建築物の全壊、半壊は合わせて398,868戸が公式に確認されている。

　また、震災直後の停電世帯は800万戸以上、断水世帯は180万戸以上であったと報告されている。このように、巨大地震により住む家をなくした避難者は、震災直後のピーク時においては、40万人以上にのぼり、現在（2013年8月）においても289,611人にのぼっている。

　巨大津波で東北地方と関東地方の太平洋沿岸部は壊滅的な被害を受けた

が、とりわけ、福島県の浜通り地域では、人類史上例を見ない悲惨な被害が発生した。巨大自然災害に巨大人災が加わった東京電力福島第一原子力発電所での水素爆発事故である。

　地震から約1時間後、福島県大熊町に立地する東京電力福島第一原子力発電所が、遡上14〜15mの津波に襲われる。巨大津波により、発電所の全電源は失われ、原子炉と使用済み燃料プールを冷却することができなくなる緊急事態となり、即座に政府は、原子力発電所より半径3km圏内の住民に避難指示を出した。

　避難指示が出されたあとも、一触即発の状態であった。爆発を回避しようと原発1号機で格納容器の蒸気放出作業を行うものの、12日、1号機原子炉建屋で水素爆発が発生する。この爆発により、避難指示は半径20km圏内に広がった。こうした中、1号機原子炉を冷却するために海水が注入される。

　13日になると、3号機、2号機で格納容器の蒸気放出作業を順次行うものの、14日には、3号機での水素爆発が起こる。その後、水素爆発は続き、15日には2号機の圧力抑制プール付近で水素爆発が発生する。さらに、4号機原子炉建屋で水素爆発が起こる。

　その後、水素爆発は収まるものの、4月2日には高濃度の放射性物質を含む汚染水が海に流出していることが判明する。汚染水の海への流失については、漁業関係者から不安視する声があったが、汚染水は次から次へと増え続け、4日、政府は高濃度の汚染水を保管する場所を確保することを理由として、比較的低い濃度の汚染水（1万トン以上）を海に放出することを行った。

　他方、4月7日には水素爆発を防ぐための原子炉格納容器への窒素注入を1号機、2号機、3号機で実施する。12日、こうした爆発回避対策を行っている中、経済産業省原子力安全保安院は事故の深刻度を示す国際評価尺度を最高のレベル7と暫定評価する。また、17日、東京電力は事故収束に向けた工程表を示し、1〜3号機の原子炉を冷温停止状態にするには6〜9ヶ月程度かかる見通しであると発表する。

　原子力発電所におけるさらなる爆発事故を回避する対策を行う中、22日

において、政府は半径20km圏内を立ち入り禁止の「警戒区域」とし、圏外に「計画的避難区域」「緊急時避難準備区域」を設定する。こうした中、5月15日、「計画的避難区域」に指定された川俣町、飯舘村での避難が始まった。

福島県は3月11日の東日本大震災と原発事故による放射能汚染という未曾有の複合災害に見舞われた。現在でもその被害は継続しており、福島県民は、地震、津波、放射能、風評被害といった四重苦の状態となっている。

震災発生直後の福島県は状況が日に日に悪化していき、戦争経験がない現代の日本人にとっても、まさに戦時下という状況であった。放射能汚染は未知の恐怖との戦いであり、震災直後、国、都道府県、市区町村といった行政ルートによる救援、支援は混乱し、ほとんど機能しなかった。

放射能という恐怖に福島県民が翻弄される中、地縁、血縁等を頼って、県外に避難した福島県民は少なくないが、不安を抱えながらも県内に留まらざるをえない人々が多く存在したのも事実である。

縦の行政機能が全く機能しない中、震災直後の住民、市民のライフラインを守る活動を行ったのは、地域に根ざした中小企業家たちであった。緊急事態、異常事態が発生したとき、中小企業が地域社会、地域住民を守るセイフティーネットになったのである。

本稿では震災直後、優れた活動を行った福島県の中小企業家の事例を紹介、検討することを通じて、中小企業家という階層は、社会にとって不可欠なものであることを論じる。

論文の構成であるが、最初に原発事故直後の放射能への恐怖がある中、地域住民の命を守る活動を行った相馬市、南相馬市の中小企業家の活動を紹介、検討する。

次に、原発事故で避難地区に指定され、工場、店舗、顧客、商圏、従業員といった経営資源すべてを失った大熊町、浪江町の中小企業家が新たな場所で再建を目指す活動を紹介、検討する。

そして、最後にまとめとして、震災からの復興には、2010年に閣議決定された中小企業憲章の考え方が必要不可欠であること示す。

2. 被災直後、放射能への恐怖がある中、地域のライフラインを守った中小企業家の活動

2-1. 地域の食の流通を守ったフレスコキクチの活動（相馬市）

　まずは、震災直後、放射能の恐怖がある中、地域に留まる住民の食の流通を守った地域密着型スーパーマーケットの活動を紹介することから始めよう。

　今回、紹介する地域密着型スーパーマーケットは、福島県相馬市に本社を置く、株式会社キクチという企業である。1862年に創業した相馬地区を代表する企業であり、現在はフレスコキクチの名前で地元住民に生鮮三品、日用品といった最寄り品を供給するスーパーとして、親しまれている。

　震災以前は福島県相馬地区、宮城県南部に9店舗あり、住民の生活を支える地域にとってはなくてはならないスーパーであった。震災前の店舗立地は、北から大河原店（宮城県大河原町）、亘理店（宮城県亘理町）、角田店（宮城県角田町）、新地店（福島県新地町）、相馬店（福島県相馬市）、鹿島店（福島県南相馬市鹿島区）、北町店（福島県南相馬市原町区）、東原町店（福島県南相馬市原町区）、大木戸店（福島県南相馬市原町区）となっており、震災前は年商102億円、社員数は110人を数え、住民の生活を支えるばかりでなく、地域の雇用や経済において重要な役割を果たす企業であった。

　2011年3月11日の震災時、菊地逸夫社長は出張中で新幹線の中におり、不在であった。しかしながら、危機管理の一環として、災害対応マニュアルを作成しており、社長が不在であっても各店舗の店長をはじめとする幹部社員は状況に混乱することなく、首尾よく対処した。実際、震災当日、多くの店が店長判断で惣菜のお弁当やおかず類を近隣住民、さらには避難所に届ける行動を自主的に行った。

　全9店舗のうち、福島・宮城の県境にある新地店は津波により全壊となったが、南相馬市にある鹿島店は当日営業再開、残りの7店舗も震災翌日より、営業を再開した。営業を再開した8店舗も地震の影響により、地盤沈下や店

内配管の損傷などがあり、店内営業が３店舗、店頭販売が５店舗と完全な形での営業ではなかったが、全国にチェーン展開する大型流通業が震災後、本社からの指示で店舗を直ちに閉め、再開の目途が立たない中、地域密着型スーパーのフレスコキクチが営業を直ちに再開したことは、地域住民にとって心強い存在であった。

とはいえ、状況は原発爆発事故で一変する。菊地社長は14日、相馬市、南相馬市の店舗の閉店を決断し、その後の対応は、15日以降検討することとした。翌15日、国は原発20km圏では避難指示、20〜30km圏内では屋内避難指示とした。そのため、原発に近い、南相馬市４店舗での営業は断念し、相馬市の１店舗だけを再開という経営判断を行った。

したがって、南相馬市、相馬市、新地町の12万人の食品流通がフレスコキクチ相馬店に集中するという事態が発生した。実際、相馬店では連日、長蛇の列が500坪の駐車場を埋め尽くし、買い物ができるまで相当の時間がかかる事態となったが、混乱などは全くなかった。

それとは反対に、買い物客から「お店を開けてくれてありがとう」といった感謝や「エンジ色のフレスコキクチのジャンパーがレスキュー隊に見えた」といった声もあり、従業員は疲労困憊状況であったが、士気が落ちることはなく、食品流通という仕事に誇りを感じたという。

相馬店に地域12万人の台所が任せられたことにより、地域住民に供給する商品とそれらを輸送するルートの確保が重要になってくる。震災時、フレスコキクチが委託していた物流センターは仙台空港に隣接していたこともあり、津波により全滅となった。そのため、物流センターを宮城県の亘理店として、そこから商品を供給する体制を構築するという経営判断を震災後、直ちに行った。

また、震災時、生鮮バイヤーは会議で盛岡に出張中であったこともあり、翌朝、仙台市場で青果物20トン、水産物トラック５台分を確保し、緊急時の対応をするとともに、取引先の安否確認をしながら、商品確保に努めた。

こうした中、地震による停電で宮城県白石市のニチレイの工場で冷凍総菜

（揚げ物）をいち早く処分しなければならないという話を聞きつけた。そこで、即座にニチレイの工場に向かい、大量の惣菜を譲り受け、相馬店の店頭においてフライヤーで調理した。

さらに、フレスコキクチが会員である中堅、中小スーパーマーケットの全国団体であるCGCグループ1)から商品の供給支援を受けた。

しかしながら、こうした知恵、機転、ネットワークで商品を確保できたとしても物流ルート確保といった困難な問題がある。なぜならば、放射能への恐怖とガソリン不足問題があるからである。

原発事故以降、放射能問題のため、南相馬市、相馬市の物流は全く機能しない状態に陥った。実際、屋内避難指示が出た原発事故30km圏内においては、大手運送会社は配達拒否、宅急便も配達拒否となった。また、30kmを超えた地域においても物流は機能不全となっており、いくら商品を確保しても消費者に届けることができない状況が発生した。そこで、配送ができないのであれば、配送が可能な場所に物流基地を作るという方針に変え、直ちに宮城県大河原市に空き店舗150坪を確保し、物流基地を設け、全国からの納品をこの物流基地に集約する行動をとった。

宮城県大河原市の物流基地に商品が集約されたとはいえ、そこから各店舗への配送がある。震災以降、ガソリン不足となり、商品を輸送できない状況が続いている。危機的な状況に対し、フレスコキクチは地域密着企業でしかできない対応で打開した。その対応は、農家から軽油を分けてもらうという方法である。通常、農家は農機具を動かすために軽油の備蓄がある。そこで、各農家から分けてもらうことにより、軽油を確保した。

また、ガソリン不足はフレスコキクチに買い物に来る顧客にとっても問題であった。そこで、旧知の間柄である株式会社昭和観光バスの岡本社長と相談して、3月24日以降、お買い物バスの運行を行った。

地域の食品流通を確保することに関しては、相馬店を中心に営業を続けてきたが、3月下旬頃から他店の再開が始まった。まずは、3月30日に鹿島店、4月30日に北町店、5月20日に東原町店が再開された。さらには、津波被

害があった新地店も5月21日には再開された。しかしながら、南相馬市における店舗が再開されたとはいえ、売上げは前年の半分程度であり、子供用の商品が全く売れないという。放射能の影響を恐れ、子供とその母親は避難しており、南相馬市が高齢者の町になってしまったからである。

　また、現在閉めている大木戸店の再開に関しては全く目途がつかないという。理由としては、30〜40歳代のパート社員の確保が全くできないからである。震災前は南相馬地区で約230人のパート社員がいたが、震災後は100人弱となっている。すなわち、南相馬市では女性パートの労働力不足状態となっているのである。実際、職業安定所における求人倍率も2.5倍となっており、パートの時給も700円台から800円台に跳ね上がっているという。

　このように南相馬市においてフレスコキクチが置かれている状況には厳しいものがあるが、企業が存続していくには、収益を上げることが重要である。そのため、2013年8月に宮城県名取市に美田園店、さらに同年12月には宮城県蔵王町に蔵王店をオープンさせた。フレスコキクチは、震災で被害を受けたとはいえ、前向きな経営を行っている。

2-2. 住民避難に尽力した株式会社昭和観光バスの活動（南相馬市）

　福島第一原発が巨大津波に襲われ、水素爆発が起こった。政府による避難指示は、水素爆発が繰り返される中、双葉町、葛尾村、浪江町、南相馬市と広がっていく。南相馬市に本社を置く、株式会社昭和観光バスは、原発事故による放射能の恐怖がある中、住民避難に尽力した企業である。

　震災以前、株式会社昭和観光バスは、従業員25名、年商2億4,000万円、保有バス9台の地域に根差した旅客運送業であった。震災後も従業員は同じく9名、年商も上向きと安定した経営を行っている。

　昭和観光バスの経営者である岡本吉輔氏は、震災により自宅を津波で流されたものの、家族や社員が無事であったことは、不幸中の幸いであったという。そうした中、会社は福島県双葉郡の双葉町、葛尾村、浪江町からの住民避難に伴うバス出動を政府から要請される。双葉郡からの避難については、

13日には終了した。とはいえ、一段落した矢先、南相馬市にも避難指示が出され、南相馬市の桜井市長からのバス出動要請があった。岡本社長は13日における福島第一原発第3号機の水素爆発のきのこ雲と爆発音を間近で見たこともあり、南相馬市で今後、企業を続けていくことは難しいと覚悟した。そこで岡本社長は、これまでお世話になった南相馬市に対する最後のご奉仕として、桜井市長からの出動要請を引き受けた。

　放射能の恐怖があるものの、従業員は全員、会社に残ってくれ、バス9台はフル稼働し、避難者受け入れ先の新潟県、山梨県、群馬県、山形県へと住民を運んだ。避難先から戻ると再び燃料を入れて、休む間もなく次の便を出すという連続ではあったが、「俺たちが今、ここでバスを出さなかったら、人々は避難できない」という使命感のもと、従業員の士気は高く、男性社員は会社で寝泊まりをしながら頑張ってくれた。

　そうした不休の救出活動をしている中、「国が70台のバスを手配した」という情報が入ってきた。これでようやく休みが取れると安堵した。しかしながら、国が手配したバスは、原発事故30km圏内には入らないという約束のもとでの出動要請であった。したがって、30km圏内での救出活動は、最後の避難バスを出すまで昭和観光バスが継続して行うことになった。

　こうした活動はテレビでも紹介され、多くの人々から称賛されたが、県外のある顧客から「放射能が残っているかもしれないから、避難に使ったバスは寄こさないで」と言われたという。経営者は悔しさ、やるせなさを感じたという。まさにこれが風評被害である。

　先にも述べたが、かねてから懇意にしているフレスコキクチを経営している菊地社長と連携をとり、フレスコキクチへの買い物バスを走らせることを行った。こうしたこともまた地域住民の命を守った活動であると言えよう。

2-3. 震災後、市民に都市ガスを供給し続けた相馬ガス株式会社の活動（南相馬市）

　相馬ガス株式会社は、南相馬市民に都市ガスを供給している都市ガス事業

者である。震災前、社員数33人、年商4億8,000万円にのぼる南相馬市を代表する企業のひとつである。

3月11日における地震による揺れは強烈であったので、本震が収まるやいなや、相馬ガス社員は、ガス漏れ等の状況を確認するために市内における設備点検作業を即座に行った。幸い南相馬市は地盤が強固であったため、異常のある個所は全くなかった。

とはいえ、12日の原発事故により、事態は変化する。避難区域はどんどん広がり、15日になると、南相馬市が屋内避難区域に指定される。そうなると、多くの市民が市外への避難を始める。そこで、経営者である渋佐氏は会社に社員を集めて、放射能による被曝が懸念される若い社員や小さな子供がいる社員には市外への避難を指示し、幹部社員を中心に中高年の社員が会社に残るという経営判断を行った。

こうした判断となったのは、南相馬市の人口は、7万人から約1万人に減ったとはいえ、屋内避難のもと、多くの市民が生活しており、プロパンガス、都市ガス、ガソリンといった燃料類を南相馬市民に供給しなければ、南相馬市に残っている約1万人の市民生活が成り立たないからである。

市民が1万人に減ったことにより、ガスの供給量は通常時の約1割にまで落ち込んだが、原発事故で物流網が寸断されたことにより、後1週間でガス切れという状況が発生した。

そこで、南相馬市への燃料配送を元売業者に依頼したのだが、輸送業者は、放射能への恐怖があり、原発事故30km圏内に入ることを拒否した。すなわち、プロパンガス、都市ガス、ガソリンといった燃料類が手配できても、それらを輸送する方法がないのである。

燃料類の輸送方法を考えないと南相馬市に残っている1万人の生活が成り立たなくなる。そこで、知恵を絞り、燃料類を積載したタンクローリーが来てくれる福島市まで元売業者による運送をお願いし、福島市と南相馬市間は大型免許を持つ昭和観光バスのドライバーによる代行運転といった方策に出た。これは地域に根ざして経営を行っている中小企業家の連携で市民のライ

フラインを守った活動である。

　震災後、南相馬市の市民は減少していることもあり、2012年におけるガス販売量は震災前の8割程度までしか回復していない。会社再建の重要な要素のひとつには社員確保がある。震災の1週間後、社員に対して雇用の維持と給与の全額支給を約束したことにより、正社員の大部分は避難指示の解除後、会社に戻ってきてくれた。

　エネルギーを扱う会社の経営者として、原発事故が起きたことは、様々なエネルギーについて、深く考えるきっかけになった。現在、渋佐氏は太陽とガスのダブル発電により電力に依存しない復興住宅の提案、南相馬から原発に依存しない生活の実践と発信で復興に貢献したいと考えている。

2-4. 被災直後から避難所や病院に食材を供給し続けた食品会社（南相馬市）

　南相馬市原町区に本社のある柴田鮮魚販売株式会社は、冷凍食品等の製造・販売を行っている。震災前は社員数92名、年商20億円にのぼる地域を代表する食品会社のひとつである。本社は海岸線から3km程しか離れていないため、震災直後は津波の被害が予測されたが、会社が若干高台にあったため、周辺の集落には深刻な被害があったものの、奇跡的に被害は免れた。震災時、社員の多くは配達に出ており、安否が心配されたが、深夜2時に最後の社員が本社に戻ってきたことで全員の無事が確認できた。翌日、社員全員が会社に集まり、社内の片づけ、取引先の安否確認などを行った。

　しかし、14日に2回目の水素爆発が起こると、放射能への恐怖があるため、社員や家族は避難させ、経営者である中田浩行社長だけが会社に残った。

　原発事故後、会社に1人で残っていると避難所や市民病院から「食材はありませんか」との問い合わせが来るようになる。そうした要請には、従業員がいない状況とはいえ、応えないわけにはいかないので、避難しないで南相馬市に残っている友人の助けを借りて、配達を続けた。

　その当時、南相馬の街中を走っているのは、自衛隊と警察と柴田鮮魚の車

であったという。実際、南相馬病院には1日2食のお粥を配達し、患者さんや看護師さんからは、大変感謝された。また、避難所にいる子供向けに運んだデザートは大変喜ばれたという。

こうした中、避難している幹部社員も会社のことが気になっている様子で、これから会社をどうするかといった問い合わせが来るようになる。そこで、経営者である中田氏は、迷いがなくなり、会社を継続すること決断した。

会社を継続させるという判断を行い、幹部社員が会社に戻って来てくれたこともあり、企業活動が再開した。とはいえ、放射能問題があるため原発事故30km圏内には輸送トラックが搬入を拒否していることもあり[2)]、商品の仕入れが企業活動のボトルネックとなった。そのため、郡山、須賀川、仙台まで商品を取りに行くことで物流を確保しなければならず、そうした状態が震災から1年程続いた。

震災前、取引先は約200社あったのに対して、震災後は120社まで減っており、売上高も20%減となっている。南相馬市で人口が減っているから仕方がないことであるが、会社が存続していくためには、商圏を拡大する必要がある。そのため、須賀川に新工場を2012年9月に建て、15名の現地採用を行った。とはいえ、震災前92名の社員がいたが、現在は54名となっている。南相馬市では従業員を確保することが困難であり、労働力不足をどのように克服するかが当社の最大の課題である。

2-5．地域住民の医療を支える調剤薬局（南相馬市）

有限会社杜陵薬品アイ調剤薬局は1987年創業の南相馬市原町区に本店を置く調剤薬局である。震災前は原町の本店、旭町店の2店で営業しており、従業員数12名、年商2億2,300万円であった。3月11日の震災時は店舗の壁に亀裂が入ったりしたが、交通網が寸断した中、従業員には休憩室に泊まってもらうことで翌日からの営業に備えた。

3月12日における福島第一原子力発電所における水素爆発で放射能への恐怖が高まる中、休日明けの14日には避難に備えるため、薬を求める顧客

が店内に入りきらず、外まで溢れ返った状態となった。

そこで経営者である昆典社長は、薬品だけを顧客に渡し、代金は後払いといった信用売りを緊急措置として決断した。そのため、多くの顧客が薬局に訪れ、大変感謝されたという。しかしながら、南相馬市に市民が戻りつつある現在においても、売掛金を回収することができない顧客がいることも事実である。

原発事故により、南相馬市で屋内避難指示が出る中、社長は二本松市に一時緊急避難した。しかしながら、南相馬市立病院から、原町区では薬局が1店舗も営業していないので営業してほしいとの要請があり、4月4日から本店での営業が再開した。本店での営業を開始するやいなや、薬局は顧客で溢れ返り、薬剤はあっと言う間になくなってしまった。この段階ではまだ民間の運送業者は南相馬市への配達を行っていなかったので、自衛隊が薬剤輸送を行った。経営者によると、このとき初めて自衛隊のことをありがたいと思ったという。このように放射能への不安がある中、当調剤薬局は、南相馬市に残っている人々の医療を支えたのである。

また、営業している調剤薬局が4月の段階だと1店舗であったため、従業員が過労でダウンしたら元も子もないので、営業時間が短縮せざるをえなかった。とはいえ、こうした判断を行ったのは、「社員は会社の宝だ」と経営者が考えているからである。

5月6日には、小野田病院からの要請を受けて、旭町店が再開されたが、人口が減ることが予測される中、南相馬市だけでの営業には限界があるのも事実である。こうした厳しい経営環境においても経営者は社員を誰一人として解雇するつもりはないという。企業が存続し続け、従業員やその家族を守るためには、収益を上げる必要があり、そのためには、新たな商圏の獲得、すなわち新たな店舗設置が重要となってくる。そこで、2012年6月、避難している社員を集めて、仙台での営業を開始した。

新たな商圏の獲得、新たな店舗設置ということは、決して南相馬市を捨てることではないという。南相馬市は人口が半減し経営環境が必ずしも良いわ

けではないが、プラス思考で南相馬市において、社員を大事にしながら頑張っていきたいと経営者は考えている。

2-6. 避難所住民の生活を守った製造小売りのパン屋、パルティール（南相馬市）

　先に紹介したように、株式会社キクチ、株式会社昭和観光バス、相馬ガス株式会社、柴田鮮魚販売株式会社、有限会社杜陵薬品アイ調剤薬局といった企業家活動の事例は、中小企業の範疇において、多くの社員を雇用している地域中小企業家のものである。次に紹介するものは、小規模企業、自営業として優れた活動を行った中小企業家の事例である。

　南相馬市原町区に所在するパルティールは震災前従業員6名、年商約3,000万円の自前の釜で焼く製造小売のパン屋である。3月11日の震災直後、店では、パン生地の在庫を多く抱えていたので、市役所からの要請で救援物資としてパンをフル稼働で焼いていた。12日、13日の福島第一原発の水素爆発で、南相馬市において屋内避難指示が出ると、パンを焼くことができなくなり、3月15日から28日まで会津に住む娘のところに経営者の只野実氏は避難した。

　避難中、南相馬市の避難していない友人から「南相馬に戻って、営業をしてほしい」という要請があり、29日から店を再開した。南相馬市に戻ると、町はゴーストタウン化しており、コンビニもスーパーもすべて閉まっている状況であったので、コーヒーサービスをして、店を再開した。

　店の再開と同時に市役所より、3ヶ所の避難所向けにパン2個と牛乳1パックを1人前として、毎日1,000人分の注文があった。多くの住民が避難しており、労働力の確保が困難な中、只野氏の妹とその娘2人が協力してくれることにより、なんとか被災者向けの注文に対応した。

　こうした注文は避難所が閉鎖される2011年12月まで続き、無我夢中でつくっては運ぶ毎日であったという。実際のところ、売上も上昇したので、原発事故被害による損失補償はなかった。反対にメディアに取り上げられたこ

とで、心ないことを言う人がおり、残念な思いもしたとオーナーは言っている。

　とはいえ、こうしたパルティールの活動は住民の命を支えた活動である。避難している会津から南相馬に戻る際には、放射能の問題があるため、娘には反対された。毎日、線量計で被曝量を図り、写メールで送ることを条件に娘の了解をとった。また、このように娘を説得して戻ったのは、「今こそ地域に恩返しだ」という一念であったからだという。

2-7．震災直後、地域の命を守る活動を行った中小企業家から得られる示唆

　以上6つの事例から、相馬市、南相馬市で震災直後に優れた活動を行った中小企業家を紹介してきたが、それらの活動から得られる示唆を指摘することとしよう。

　こうした企業家活動から得られた示唆として挙げられるのは、東日本大震災、その後の原発事故といういわば緊急異常時において、地域中小企業家が地域社会や地域住民の命を守る活動を行ったことである。

　確かに災害時に自衛隊は救援活動を行い、また、国を始めとする行政組織もさまざまな支援活動を行っている。しかしながら、福島の場合、地震、津波だけではなく原発事故による放射能被害があったため、救援活動が後回しにされた感は否めない。救援活動が進まないとはいえ、そこには生身の人間が生活をしており、誰も動かなければ、そこに住んでいる人々の生命の危機の問題に結びつく。

　実際、フレスコキクチの活動は、食の流通を通じて、相馬市、南相馬市、新地町の住民の命を守った。相馬市にはフレスコキクチ以外にも全国チェーンのスーパーは存在していたが、それらは震災直後、再開の目途を示すことなく店を閉めたという。閉めた理由としては、これらスーパーの物流センターは宮城県にあり、津波の被害で全壊し、再開の目途が立たないことがひとつの理由である。その他には原発事故による放射能問題で、「放射能から社員

の命を守る」という名目のもと本社から、店長をはじめとする幹部社員に対する帰還命令が出たことが店を閉めた理由である。

　全国チェーンのスーパーの場合、店長をはじめとする幹部は、本社からの派遣であり、現場のパート社員が地元採用である。したがって、こうした異常事態においては、地域の食を守るなどといった発想は生まれにくい。また、彼らはサラリーマンであるので、本社からの指示に従わざるをえないことも事実である。さらには、今回の地震では仙台の物流センターが被災している。他方、中小企業家の場合、さまざまなネットワークを持っているため、組織のある部分が機能不全になっても、それらをネットワークで補うことができる。しかしながら、サラリーマン店長の場合、社外のネットワークに関してはほとんど期待できない。というのは、組織があってこそ能力を発揮するのが大企業の社員であるからである。したがって、こうした異常時に彼らは、中小企業家のような能力を発揮することはできないのである。

　全国チェーンのスーパーが店を閉める中、もしもフレスコキクチが同じように店を閉めていたならば、相馬地区、12万人の台所への食糧供給は滞ってしまう。考えただけでもぞっとする話である。

　社会の安定にとって、中小企業の果たす役割が大きいという考え方は、2010年6月に閣議決定された中小企業憲章においても指摘されている。また、そうした考え方は、第2次世界大戦後のドイツ経済復興の指導理念を提供したW・レプケの新自由主義経済学にも示されている。W・レプケの新自由主義経済学では、「群衆化があり、プロレタリア化があり、集団化がある。大衆の小さな財産所有者が消えてなくなる……そこでは、集団性のかげに人間の個性はしなびて行き、ついには人間は国家の奴隷に成り下がってしまうのである……」（W・レプケ、喜多村浩訳『ヒューマニズムの経済学』勁草書房、1954年、p.273）と記されているように、小規模資本家すなわち中小企業家の存在がなくなった場合の問題点を指摘している。

　何事も効率性を追求することで寡占化、独占化が進み、社会において、中小企業家が存在する余地がなくなることは、社会に対するセイフティーネッ

トがなくなることである。こうした問題は、平時においては、あまり意識されないが、今回の震災のように緊急時であったからこそ、中小企業家の存在、役割がより鮮明になったとも言えよう。

3. 原発事故で重大な被害を受けつつも、再建の道を歩みつつある中小企業家の活動

　前節では、震災直後、放射能への恐怖と戦いつつも、地域社会を支え、地域住民の命を守った中小企業家の活動を紹介した。本節では、原発事故により強制避難を余儀なくされ、経営資源の多くを失いつつも、そうした状態から立ち直ろうとしている原発事故30km圏内の中小企業の事例を紹介、検討することとする。

3-1. 店舗、商品、商圏、顧客のすべてを失うものの、再起を図る株式会社マツバヤ（浪江町）

　株式会社マツバヤは双葉郡浪江町に本社を置く。1927年に現社長の祖父が日用雑貨店を浪江町に創業して以降、当地でホームセンター、家電販売店、フィットネスクラブ、携帯電話ショップ、レンタルビデオ店など時代のニーズに合わせた業態へ進出し、震災前は16店舗、200人の雇用を生み出す地域経済を支える総合小売業であった。

　3月11日の震災時、地震による建物被害は軽度なものであり、顧客や従業員に怪我人はいなかった。とはいえ、大きな地震であったため、安全点検や地震の片づけを行うために当日は臨時休業とし、従業員に明日の出社指示を出したのちの帰宅となった。

　しかしながら、12日の原発事故で状況は一変する。原発事故で店舗、商品、商圏、マーケットのすべてを失うことになったのである。実際、当社は原発からわずか8.9kmしか離れておらず、双葉町が「警戒区域」に指定され、全町民に避難指示が出ると、社員は会社に出社することはできず、全店舗を休

業せざるをえない状況になった。

　こうした中、経営者である松葉氏は、散り散りになった社員の安否確認をするため、携帯電話はつながらなかったが、ネットはつながる状況であったので、社内ネット掲示板を直ちに立ち上げ、8割弱の社員の安否確認をした。

　先行きが見えない状況が続くとはいえ、株式会社マツバヤの今後の対策を考える責務は経営者に存在する。企業の再開を図るためには、社員の協力はなくてはならないので、5月7日に猪苗代で従業員集会を開くことをネットで呼びかけた。約90名の社員が集まり、会社の今後についての話し合いが行われた。

　話し合いを続ける中、従業員からは前向きな意見が出された。たとえば、「かつてのような総合業態の小売店は無理でも、小さなお店やさまざまな事業を数多く立ち上げることはできないか」「ネット事業の可能性はないか」「80年以上の歴史がある会社と事業は、どんな形になっても必ず残したい」「是非、再開へ向けて会社を復興させたい」などの声があった。

　原発事故の先行きが不透明であるものの、こうした声に背中を押され、経営者は、再開の道を決意し、5月下旬には郡山市に事務所を構え、同時に新しい店舗探しを開始した。

　南相馬市が警戒区域から解除されると、直ちにカーブス原町店を再開した（2011年7月）。また、郡山での事務所再開当初は、既存の顧客や取引先への対応が中心であったが、田村市に浪江町の仮設住宅建設の動きが出てくると、仮設用住宅用品の納入、学校再開による運動着や学校用品の納入、仮設住宅入居者向けのオリジナルカタログ販売事業が始められた（2011年11月）。

　さらに、2012年になると、新店舗の開設が始められ、2月にはカーブス相馬店がオープンし、3月には田村市にサンプラザふねひきパーク店をオープンさせた。田村市には浪江町の仮設住宅があることもあり、そうした住民が顧客になりうることを想定して、新店舗を開設したのである。その後、7月にはカーブス二本松店の新規オープン、10月にはサンプラザ相馬店の再開というように徐々に事業を広げていく。

2013年になると新規店舗のオープンが続き、2月にサンプラザ二本松店、3月にカーブス宮城白石店、6月にカーブス本宮店のオープンと続くのである。

　株式会社マツバヤはそもそも浪江町で日用雑貨店として創業され、地域経済の発展とともに物販部門においては、ホームセンターを中心とする総合小売業に発展する。その後、地域経済における消費の多様化に伴い、サービス業への進出など多角化を行い、震災前においては、浪江町における流通とサービス消費を担う中核的企業にまで成長した。

　しかしながら、原発事故により、店舗、商品、商圏、顧客、マーケットという今まで長い業歴の中で積み上げてきた経営資源をすべて失ってしまったのである。とはいえ、こうした逆境下においても、着実に再生の道を歩み始めている。

3-2. 原発事故で故郷を失うものの、郡山市で事業再建を行う共同印刷株式会社（大熊町）

　震災時、共同印刷株式会社は、福島第一原子力発電所からわずか3.5kmしか離れていないところに本社が立地していた。社員数は60人、年商3億4,000万円にものぼり、大熊町における経済や雇用を支える企業のひとつであった。3月11日の震災直後、経営者である鈴木充男氏は会社にいたが、津波警報に伴う避難命令に従い、従業員60人とともに高台に避難した。幸いにも地震、津波による設備の被害はほとんどなかった。とはいえ、翌12日の原発の水素爆発事故により、常葉町（福島県田村市）への強制避難命令が出され、事業を放棄せざるをえなかった。

　鈴木氏は会社と従業員を守ることを最優先に考えており、早い段階での事業再開の道を模索していた。避難することでバラバラになった社員全員の安否は4月初旬までに確認することができた。また、毎日、日ごとに悪化していく状況に対して失望しないようにとのメールを社員に送信し続けた。

　また、取引先も鈴木氏の無事を確認すると、自分のことのように喜んだと

いう。こうした喜びとともに「早く仕事を再開してください」「いま、仕事を頼むところがなく困っています」などといった励ましの声が多数寄せられ、社員や取引先のためにも一日でも早くの事業再開を決意した。

　多くの方々からの協力もあり、5月1日には郡山市に仮事務所を開くことができた。設備もなく従業員5名からの再スタートであったため、受注した仕事は、同業者の協力を得ながら、納品を行うといった体制をとった。

　また、郡山市での本格的な事業再開を目指して、大熊町からの機械、設備の運び出しを順次行い、9月には正式な事業再開ができた。とはいえ、新工場の規模や立地、避難している従業員の状況から、60人全員揃っての再開は実現することができず、再開と同時に従業員20人程を解雇しなければならなかった。しかし、解雇せざるをえなかった元社員からもお祝いの言葉やお祝い金をいただいたので、仲間たちには感謝している。

　まだ、大熊町の工場には、10トントラック15台分の機材が運び出せず残っている。震災により、会社の事業規模は縮小してしまったが、ゆくゆくは100名規模の会社にまで発展させ、就職と退職のサイクルを安定させていくことを目標としている。

　経営者である鈴木氏は、「私たちは今回の地震・原発事故で甚大な被害を受けましたが、いつまでも国や東電の責任を追及しているような、被害者・被災者ではいたくありません。事は起こってしまったのだから、そこからどう生きていくかを前向きに考え、進んでいくことが大事だと思います」と言っている。

　原発事故に対する国や東京電力の責任はなくなるわけではないし、皆が十分に納得できる形で解決することが必要であろう。困難な状況に置かれても、前向きに進んでいこうとする中小企業家の姿勢にはたくましさが感じられる。こうした考え方が復興に対する原動力になる。

3-3. 福島県内での事業再開を行う株式会社アイシーエレクトロニクス（大熊町）

　株式会社アイシーエレクトロニクスは1981年創業、半導体製造装置に関わる部品を製造する企業である。震災時、経営者の岩本久美氏は、大熊町の本社工場にいた。地震による生産設備へのダメージは全くなかったが、12日の原発事故により、大熊町からの避難指示が出たため、企業活動は全く止まってしまった。

　しかし、取引先や従業員のことを考えるならば、いち早く事業再開を行う必要がある。そこで、大熊町の本社に数回戻り、必要なものを引き取った後、東京の神田にある営業部門の出先事務所で17日に事業を再開させた。

　放射能問題があるため、大熊町での事業再開は、非現実なものとなる。今後の事業再開の場所として、名古屋、千葉、神奈川と引く手あまたのお誘いがあったが、いままで企業を育てていただいた、地元への恩や従業員のことを考えるならば、福島県を離れることはできない。そうした中、いわき市の仲間の経営者からのお声掛けがあり、5月にはいわき市小名浜に新たな事務所と工場を借りた。そこで、避難で散り散りになっている従業員に連絡をすると5名の社員が駆けつけ、事業再開への準備を始める。

　工場を借りたといっても、機材は大熊町の本社工場にある。そのため、いわき市の工場への設備の運び込みを行うことから始められた。とはいえ、この工場はあくまでも仮工場であるので、いわき市内での適当な物件を探すことも行った。物件を探している中、7月には好間工業団地を紹介され、さまざまな条件面で最適であったので入居を決断した。

　好間工業団地への入居を決めた後、10月から2012年2月までかけ、工場の大規模改装工事を行い、また、大熊町の本社工場から多くの機械類の移転作業を行い、2012年4月には仮操業にまでこぎつけることできた。そこから、さまざまな行政の支援制度を活用しながら、半年後の10月には本格的な事業再開となった。

　経営者の岩本氏によれば、震災で多くの人々に恩を受けた。こうした受け

た恩は商売を続けることで返していきたいとしている。また、大熊町からいわき市に移転できたことは、地理的条件を含め、大きなプラスがあった。大熊町には戻るつもりはなく、また、戻ることは非現実的であるので、いわき市に本社機能を移し、この地で企業活動を続けていきたいとしている。

3-4. 長年培ってきた「なみえ焼きそば」のブランド力で再起する合資会社旭屋（浪江町）

　合資会社旭屋は浪江町で製麺業を営む。震災前は、従業員12名、年商3,000万円であった。3月11日の震災時、経営者の鈴木昭孝氏はJR浪江駅近くの工場兼自宅で被災した。1935年の創業以来、続いている工場は地震の揺れで全壊し、地震と同時に工場は操業停止に追い込まれた。

　震災翌日からは、福島第一原子力発電所の水素爆発により、避難指示が出され、家族で東京、埼玉、福島を転々とすることになる。とはいえ、いち早く事業再開を願っていたので、7月には郡山市に住居を置くことになる。

　旭屋で製造される麺のひとつには、「なみえ焼きそば」というブランド化した商品があった。そのため、製造委託販売という形態ではあるが、スーパーや個人顧客からの注文が入り、いち早く事業再開にこぎつけることができた。

　2012年3月には郡山市に事務所を借りることができ、被災前に雇っていた従業員の再雇用もできるようになった。自社工場の再建はこれからの課題であるが、いずれは被災前の状態に戻し、さらには事業拡大をしていくことを目標としている。

　原発災害によって、すべてを失ったのであるが、長年にわたってお客様に愛され続けてきた「なみえ焼きそば」というブランドには救われた。浪江町には戻ることができないであろうが、郡山市でいち早く再開できたのも、浪江町が生んだ「なみえ焼きそば」のおかげである。これからも地域のお客様に愛され続ける企業でいられるよう、邁進していきたいと経営者は言っている。

3-5. 震災後、すべてを失ったものの、企業再建を行う中小企業家から得られる示唆

　以上４つの事例は、浪江町、大熊町といった原発事故で強制避難を余儀なくされ、工場、店舗、顧客、商圏、設備といった企業が存続し続けるための経営資源の多くを失ったにもかかわらず、必死に企業再建を行おうとする企業である。これら企業事例から、中小企業が持つバイタリティ、力強さ、積極性を読み取ることができる。

　こうしたバイタリティは、復興の原動力になるものであるが、その源泉となっているのは、中小企業のコーポレートガバナンスである。

　コーポレートガバナンスとは、「企業は誰のものであるか、企業の経営目的は何であるか、企業の収益はいかに分配されるべきであるか、企業の社会的責任をどのように考えるべきであるか」などを検討する概念である。

　コーポレートガバナンスは時代とともに変化、進化するものであり、わが国においても戦前の財閥が日本経済を支配していた時代、戦後の日本的経営の時代、バブル経済崩壊後の株式持ち合いが解消された時代においては、そのあり方は全く異なる。

　コーポレートガバナンスに対する時代ごとの考え方を、企業は誰のものあり、何のために経営されるのであるかといった観点で整理するならば、戦前の財閥支配の時代においては、財閥家族、戦後の日本的経営の時代においては、従業員、株式持ち合いが解消された時代においては、株主となり、現代は、株主主権が企業経営において貫徹されている。

　しかしながら、中小企業の場合、その様相は全く異なる。中小企業は、株式会社であってもその株式は経営者が保有しており、所有と経営が一致している。企業経営における収益性は重要ではあるが、株主に対する配当に関しては意識する必要はなく、経営における意思決定においても自分自身で即断できる。

　そのため、中小企業家に「何のために経営を行っているのですか」という問いをするならば、多くの中小企業家は何の疑問もなく、「従業員のため、

顧客のため、地域社会のため」と即答し、「株主のため」という回答はほとんどないのが実態である。これは、中小企業のコーポレートガバナンスが、株主主権が貫徹されている大企業のコーポレートガバナンスの対極にあることを示していると解釈できる。

　大熊町、浪江町の企業は、今回の原発事故ですべてを失ったが、多くの経営者が直ちに再建の道を模索し始めたのは、企業を従業員のため、顧客のため、地域社会のために一日でも早く再開したいという中小企業家の経営判断に他ならない。

　再建の道を歩んでいる企業の中には、震災後、負債がない形で上手く清算できる企業もあった。株式会社ナプロフクシマ（浪江町、リサイクル自動車部品販売業）の経営者である池本篤氏は、震災の約1週間後、会社幹部とともに今後の会社をどのようにするかを話し合った。その際、清算という選択肢が頭をよぎったという。しかし、長年にわたって一緒に仕事をしてきた仲間と別れること、自動車部品再生のエキスパートである社員が他の会社で苦労することを想像すると、清算という選択肢は考えられず、自然と会社再建という経営判断となった。現在、株式会社ナプロフクシマは、福島県伊達市のやながわ工業団地に新工場を建設し、企業活動が再開されている。

　いずれにしても、従業員のため、顧客のため、地域社会のために企業活動を行うという中小企業家のコーポレートガバナンスは、株主主権を貫徹するあまり収益重視に陥り、日本的経営が崩れることで労使関係において多くの摩擦（非正規雇用問題、ブラック企業問題）を引き起こしている企業に対するアンチテーゼを示している。

4．中小企業憲章、中小企業振興基本条例と震災復興

　次に2010年6月に閣議決定された中小企業憲章、中小企業振興基本条例と震災復興との関連を考えることとしよう。

　中小企業憲章では、その前文において、「中小企業は、経済を牽引する力

であり、社会の主役である。常に時代の先駆けとして積極果敢に挑戦を続け、多くの難局に遭っても、これを乗り越えてきた。戦後復興期には、生活必需品への旺盛な内需を捉えるとともに、輸出で新市場を開拓した。オイルショック時には、省エネを進め、国全体の石油依存度低下にも寄与した。急激な円高に翻弄されても、産地で連携して新分野に挑み、バブル崩壊後もインターネットの活用などで活路を見出した」と記されている。すなわち、この前文は中小企業が経済の活力であり、戦後復興期、オイルショック、バブル崩壊といった経済の危機を解決する原動力になっていることを示している。

今回の東日本大震災においても、こうした中小企業の力は、期待されていると同時に実際にそうした力は発揮されている。したがって標記の前文に、東日本大震災といった国難に対して中小企業の活力が果たす役割は計り知れないものであることを加えることが、現在、震災復興に尽力している中小企業にとって、励みとなると同時に活動の指針になることは言うまでもない。

また、中小企業憲章の基本理念では、「中小企業は、社会の主役として地域社会と住民生活に貢献し、……小規模企業の多くは家族経営形態を採り、地域社会の安定をもたらす……このように中小企業は、国家の財産ともいうべき存在である……難局の克服への展開が求められるこのような時代にこそ、これまで以上に意欲を持って努力と創意工夫を重ねることに高い価値を置かなければならない。中小企業は、その大いなる担い手である」と記されている。

中小企業憲章でのこうした文言は、中小企業の社会経済における重要性を示すと同時に、社会経済に対して責任がある存在であることを示している。そうしたことを中小企業が認識し、国民への理解が深まることこそ、震災からの復興への道につながるものである。

実際、中小企業憲章の理念に立脚しつつ、震災復興に向け活動している中小企業家がいる。南相馬市原町区でクリーニング業を営む株式会社北洋舎クリーニングの経営者である高橋美加子氏は、中小企業家は地域社会にとって

重要な存在であると同時に地域社会に対する責務があるという考えのもと、南相馬市における中小企業振興基本条例の制定を模索している。

今日、多くの地方自治体で中小企業振興基本条例が制定されており、制定に向けての運動も存在している。これら取り組みが昨今における中小企業政策の新潮流であることには、1999年に行われた中小企業基本法の改正がひとつの背景となっている。

中小企業基本法の改正においては、理念の変化、政策対象の変化ばかり注目されているが、地方分権推進の流れを意識した変化が中小企業政策に与えた影響が大きい。改正された新中小企業基本法の第6条は「地方公共団体の責務」とされており、その条文では「地方公共団体は、基本理念に則り、中小企業に関し、国との適切な役割分担を踏まえて、その地方公共団体の区域の自然的経済的社会的諸条件に応じた施策を策定し、及び実施する責務を有する」と記されている。すなわち、地域における中小企業政策はいままでのように国が策定した政策だけに頼るのではなく、各団体が地域の実情に合わせ、独自の政策立案能力を持つことが期待されているのである。したがって、各地方自治体は自らが中小企業政策の企画立案能力を図るべく、地域ごとの中小企業政策を実施する際の基本的な考え方となる中小企業振興基本条例を策定している。

各地方自治体で中小企業振興基本条例を策定しようとする運動は、政策の立案主体を国から自治体へ移すといった政策上の大転換である。これら政策潮流はまさに市民社会の実現に結びつくものであり、地方自治体やそこで生活する市民、中小企業家には自立と責務が同時に発生する。

現在、多くの地方自治体で中小企業振興基本条例が制定されている。策定された中小企業振興基本条例の文言については、似たり寄ったりの差異のないものであるが、条例を策定するプロセスがその後の地域における中小企業政策企画立案能力の形成に大きな影響を与える。

実際、中小企業振興基本条例を策定することで地方自治体が自ら考え、自ら実践する力を持つことができた団体は、その策定過程において、さまざ

な立場に立つ市民が車座で議論を重ね、条例を作り上げてきたところである。たとえば、条例としての評価が高い自治体としては、大阪府八尾市や北海道帯広市等があげられる。

南相馬市は原発事故によって、屋内避難指示が出され、そこで生活する市民や地域経済を支える中小企業家は大きな被害を受けた。しかしながら、こうした難局に対応するために市民や中小企業家は助け合い、地域社会がまとまったことも事実である。いずれにせよ、南相馬市の場合は、震災という大きな不幸があったが、より良い中小企業振興基本条例を策定する可能性は高い地域であるように思われる。

中小企業振興基本条例だけの話ではないが、地域が政策企画立案能力を持つということは、地域社会を構成するさまざまな立場の市民が車座になって議論を重ねる土壌を育成することである。それは市民社会の実現に向けての一里塚であり、そうしたプロセスの中で中小企業家の果たす役割は大きい。

5. まとめ

最後に繰り返しになるかもしれないが、いままで述べてきた論点を整理することで本稿のまとめとする。

① 2011年3月11日に起きた東日本大震災により、福島県民および中小企業家は、地震、津波、放射能、風評被害といった四重苦の状態に置かれたこと。

② 原発事故による放射能問題により、福島県の相馬市、南相馬市といった浜通り地区は物流ルートが機能不全となった。かかる状況下で地域住民の命を守る活動を行ったのは、地域に根ざした中小企業家の活動であること。

③ 原発事故30km圏内、大熊町、浪江町などに立地する中小企業は、商圏、顧客、従業員等の多くの経営資源を失った。しかしながら、多くの中小企業家は、従業員のため、顧客のため、地域のために事業再開の道を歩んで

いる。こうした積極性は震災からの復興に向けての原動力になること。
④　東日本大震災という異常事態が起こり、中小企業家が地域社会、地域住民の命を守る活動を行ったことで中小企業の社会における重要性が認識された。こうした考え方は、第2次世界大戦後のドイツの経済復興の方向性を示したW・レプケのドイツ新自由主義と相通じるものがあること。
⑤　震災後、多くの中小企業家は従業員のため、顧客のため、地域のために企業再建に尽力している。こうした中小企業のコーポレートガバナンスは株主主権主義となっている大企業のコーポレートガバナンスの対極にあること。
⑥　2010年6月に閣議決定された中小企業憲章では、社会経済における中小企業の重要性を指摘した。震災復興においても中小企業憲章の理念を活かすことが重要である。また、東日本大震災は不幸でもあったが、そうした難局に対して、地域はまとまることができた。それが地域におけるより良い中小企業振興基本条例の制定に向けての一助になること。

　他にも論点として、考えられることはあるかもしれない。とはいえ、今回の東日本大震災といった国難により、中小企業の社会経済における重要性が鮮明になったのは事実である。
　福島県では現在においても除染活動は進んでおらず、震災から2年以上経った今日でさえ、震災からの復興には程遠い状況である。また、東京電力第一原子力発電所の廃炉までは40年以上かかり、我々は次の世代に大きな負の遺産を残した。こうした問題は人類が叡智を集めて取り組む問題である。東日本大震災と中小企業家といったテーマに関しては、中小企業研究者としてライフワークとして取り組んでいきたい。

追記
　このようなテーマで本稿を作成するについては、筆者自身、2013年4月より、福島県郡山市にキャンパスがある日本大学工学部に赴任したことが大

きい。日本大学工学部は、「ロハス工学」を教育、研究の目標としており、工学により環境問題を解決するエンジニアの育成を目指しており、東日本大震災における産学官連携の拠点となっている大学である。

　また、震災時における中小企業家に関する活動事例については、福島県中小企業家同友会のメンバーからの話を聞くことでまとめた。同会の県や地区の例会には参加させていただき、貴重なお話を伺うことできた。ここにお礼を申し上げる次第である。

（注）

1）CGCグループとは1973年のオイルショック時に原油価格が高騰し、トイレットペーパーや洗剤など石油関連商品が店頭からなくなり、わずかな商品を求めてお客様が殺到するパニックが起き、その時、「お客様に良い商品をより安く、安定的に提供できるパワーを持つためには、全国規模でまとまることが必要」と考えた各地の中堅・中小スーパーマーケットが東京・新宿にある株式会社三徳の呼びかけに応じて結集したグループのこと。

2）実際、南相馬市の屋内避難時（2011年3月15日〜4月15日）における物流状況は、郵便物はすべて配達拒否、大手運送会社、宅急便については、原発事故30km圏、配達拒否といった状況であり、商品仕入を行うには、自らの力やネットワークを使って、物流ルートを構築する必要があった。

〈編著者略歴〉

黒瀬　直宏（くろせ　なおひろ）
1944年生まれ。慶應義塾大学経済学部卒業、東京都立大学大学院社会科学研究科修士課程修了。専修大学商学部教授などを経て、現在、嘉悦大学ビジネス創造研究科科長・教授。博士（経済学）
主な業績：『複眼的中小企業論～中小企業は発展性と問題性の統一物～』（同友館 2012年）、『中小企業政策』（日本経済評論社 2006年7月）、「温州産業の原蓄過程：情報による「下から」の資本制化と企業の階層分解」（三田学会雑誌96巻4号 2004年）、『中小企業政策の総括と提言』（同友館 1997年）、『21世紀中小企業論第3版』（共著、有斐閣 2013年）

上原　聡（うえはら　さとし）
1967年生まれ。慶應義塾大学経済学部卒業、慶應義塾大学大学院経営管理研究科修士課程修了、専修大学大学院商学研究科博士課程修了。博士（商学）
現在、嘉悦大学大学院ビジネス創造研究科教授。専門分野は、マーケティング戦略論、消費者行動論、観光ビジネス論。特に感情を考慮した心理学的なアプローチや文化論的なアプローチを研究の中心としている。主な業績：『感情マーケティングの理論と戦略』（専修大学出版　2008年）、『1からの戦略論』（共著、碩学舎 2009年）など

〈執筆者紹介(担当章順)〉

第1章
　黒瀬直宏　嘉悦大学大学院ビジネス創造研究科教授・研究科委員長

第2章
　三井逸友　嘉悦大学大学院ビジネス創造研究科教授・横浜国立大学名誉教授

第3章
　上原　聡　嘉悦大学大学院ビジネス創造研究科教授

第4章
　樋口兼次　白鷗大学大学院経営学研究科教授

第5章
　和田耕治　日本大学工学部教授（元嘉悦大学大学院ビジネス創造研究科教授）

2014年3月20日　第1刷発行

嘉悦大学大学院叢書①

中小企業が市場社会を変える
～中小企業研究の社会論的転換～

Ⓒ編著者　黒　瀬　直　宏
　　　　　上　原　　　聡
発行者　脇　坂　康　弘

本文印刷／三美印刷　　製本／東京美術紙工

発行所　株式会社　同　友　館　　〒113-0033 東京都文京区本郷 3-38-1
　　　　　　　　　　　　　　　　　TEL. 03(3813)3966
　　　　　　　　　　　　　　　　　FAX. 03(3818)2774
　　　　　　　　　　　　　　　URL　http://www.doyukan.co.jp/

乱丁・落丁はお取り替え致します。
ISBN 978-4-496-05046-6　　　　　　　　Printed in Japan

本書の内容を無断で複写・複製（コピー）、引用することは、
特定の場合を除き、著作者・出版者の権利侵害となります。
また、代行業者等の第三者に依頼してスキャンやデジタル化
することは、いかなる場合も認められておりません。